Rudolf Baumbach

Frau Holde - ein Gedicht

Rudolf Baumbach

Frau Holde - ein Gedicht

ISBN/EAN: 9783743476851

Hergestellt in Europa, USA, Kanada, Australien, Japan

Cover: Foto ©ninafisch / pixelio.de

Weitere Bücher finden Sie auf **www.hansebooks.com**

Baumbach

Frau Holde

Ein Gedicht

FOSSLER

Henry Holt & Co., New York

PRESENTED
TO
THE UNIVERSITY OF TORONTO
BY

Frau Holde

Ein Gedicht
von
Rudolf Baumbach

WITH INTRODUCTION AND NOTES
BY
LAURENCE FOSSLER, A.M.
Professor of Germanic Languages, Univ. of Nebraska

NEW YORK
HENRY HOLT AND COMPANY
F. W. CHRISTERN
BOSTON: CARL SCHOENHOF

"Die altgermanische Göttin *Holda*, die freundliche, milde und gnädige, deren jährlicher Umzug durch das Land den Fluren Gedeihen und Fruchtbarkeit brachte, musste mit der Einführung des Christentums das Schicksal Wodan's und aller übrigen Götter teilen, deren Dasein und Wunderkräfte, da der Glaube an sie im Volke zu tief wurzelte, zwar nicht gänzlich bestritten, deren frühere segenreiche Einwirkung jedoch verdächtigt und zu bösartigen umgebildet wurde.

Holda war in unterirdische Höhlen, **in das** Innere von Bergen verwiesen ; ihr Auszug war ein unheilbringender, ihr Gefolge ähnlich dem wilden Heere. Später (während der Glaube an ihr mildes, naturbelebendes Walten bei dem niederen Volke noch fortlebte) ging ihr Name sogar in den der *Venus* über, an welchen sich alle Vorstellungen eines unseligen, zu böser sinnlicher Lust verlockenden zauberischen Wesens ungehinderter anknüpften."

RICHARD WAGNER in *Tannhäuser*.

INTRODUCTORY NOTE.

The author of "Frau Holde," Rudolf Baumbach, was born at Kranichfeld, Thüringen (Thuringia), on Sept. 28, 1841. He received his training at the gymnasium at Meiningen, where his father held the position of court-physician to the Duke. Later he pursued the study of natural sciences at the universities of Leipzig, Würzburg and Heidelberg. For some years after the completion of his university work he was engaged in teaching. In 1877 he won name and fame with his "Zlatorog," and since that time has devoted himself to literary labors exclusively. His admirable talents and genuine poetic gifts are, perhaps, nowhere more striking than in the present poem; though others, such as "Zlatorog," "Mein Frühjahr," "Horand und Hilde," "Der Pathe des Todes," well repay the student's attention.

Baumbach's chief characteristics are his genuine, deep love of nature, his fresh and vivid portrayal of human motives, and his naïve, broad sympathies. In his muse (bescheidene Muse, he calls it) he presents an admirable combination of romanticism and realism, a combination all the more charming because enriched by a vein of exquisite humor. In his verses he is as playful or as pathetic as the situation demands, intermingling the narrative and the lyrical elements with the skill of a master. The fact of his commanding the attention and the sympathies of his readers is duly attested by continuously renewed demands for his writings. "Frau Holde," for example, had reached, in 1892, the twenty-sixth edition; "Zlatorog" is still more popular; the "Lieder eines fahrenden Gesellen" and "Sommermärchen" have reached the twenty-fourth and the nineteenth edition respectively.

The editor feels confident that this booklet will commend itself to his co-workers as it has commended itself to him and to several of his classes. Hitherto it was necessary to send to Europe whenever it seemed advantageous to introduce the student to Baumbach's muse. The poem is excellent second-year reading. The notes and helps extended are for students of that degree of advancement. No attempt has been made to make anything of the poem but what it is, namely, a delightful glimpse into the life of the German peasantry with all their quaintness, all their tenacious adherence to the customs, costumes, traditions and superstitions of the Past.

L. F.

I.

Mein **Thüringen**, aus dem ich schied,
Dir klingt mein **Sang**, **Dich** grüßt mein Lied!
Ich sing's am fernen Meere.
Soweit der Erdengarten reicht,
5 Kein **Land** Dir, meiner Heimat gleicht
An Wonne und an Ehre.

Du bist so lieb, **Du bist** so traut,
Urahne bist **Du** mir **und Braut**,
Du wunderschöne Fraue!
10 Der Tannwald ist dein Mantel gut,
Der blaue Himmel **ist** Dein Hut,
Dein Schemel grüne Aue.

Und drückt auf's Haupt der Winter **Dir**
Der diamantnen Krone Zier
15 Und hüllt die stolzen Glieder
In silberweißen Hermelin,
Dann beug' ich **mich**, o Königin,
Andächtig vor **Dir** nieder.

Es klingt in mir ein Kinderreim:
„Daheim, daheim ist doch daheim."
Sie singen's in den Gassen.
Ich selber sang's wol tausendmal
In meinem grünen Werrathal,
Und hab' es doch verlassen.

Oweh, ich hab' mich selbst verbannt
Und vor das Thor mit eigner Hand
Geschoben einen Riegel.
Doch seh' ich jede Nacht im Traum
Mein Heimatland mit Berg und Baum,
Als zeigte mir's ein Spiegel.

Bringt meiner Heimat dieses Lied,
Die ihr nach seinen Wäldern zieht,
Ihr Vögelein, ihr schnellen!
Ihr Freunde all am Werrafluß
Nehmt's hin als einen Wandergruß
Des fahrenden Gesellen.

II.

O süße Ruh' an Waldes Rand,
Weitschattende Tannen im Rücken.
Ich schau' in's sonnenbeglänzte Land,
In die Schwärme spielender Mücken.
Es schlägt der Heuschreck um die Wett'
Mit Grill' und Heimchen Hackebrett,
Indeß in lust'gem Reigentanz
Sich wiegt der Ritter Schwalbenschwanz.
Am Wege kriecht die Schnecke faul
Wie ein erschöpfter Karrengaul,
Und dicke Hummeln schwarz und golden
Umschwärmen brummend die Blütendolden.

Und wo der Bach die Büsche teilt
Und durch die Wiesenkräuter eilt
Mit silberlichten Wellen,
Da schwingen um die Binsen sich,
Um Iris und um Weiderich
Die schimmernden Libellen,
Da sitzt der Frosch im nassen Ried
Und quakt sein neustes Minnelied,
Bachstelzen trippeln ab und zu
Wie Stadtfräulein im Stöckelschuh.

Und in den Zweigen über mir,
Da raschelt, da piept es leise.
25 Es fahndet nach dem Kerbgetier
Die graue Tannenmeise.
Kreuzschnabel flattert auch heran,
Ihm folgt der lust'ge Zeisighahn.
Der Gimpel im Geäste
30 Zeigt stolz die **rote** Weste.

Nun lasset euer Zirpen sein,
Ihr kleinen, bunten Dinger!
Aufthut der Fink **sein** Schnäbelein,
Der kluge Meistersinger.
35 Die Weise mag ich wohl versteh'n.
„Komm', komm', laß uns zum Weine geh'n!"
So klingt sein süßes Locken. —
Die Kehle wird mir trocken.

Da ist's vorbei mit meiner Ruh,
40 Nicht hör' ich mehr den Vögeln zu,
Viel mehr als Wiese, Wald und Bach
Gefällt mir jetzt das Kirchendach,
Das sich aus Blütenbäumen hebt
Und in den blauen Himmel strebt,
45 Denn wo man schaut **ein** Haus des Herrn,
Ist auch das Wirtshaus selten fern.

Und wie ich mich mit Zweifel quäle
Und meines Wamses Knöpfe zähle,
Ob ich die Waldesruhe ende,
50 Ob ich zum nahen Dorf mich wende,
Ertönt es plötzlich schrumm, schrumm, schrumm
Wie einer Baßgeig' tief Gebrumm,
Und wie ich über die grüne Aue
Mit schärferem Auge hinüber schaue,
55 Entdeck' ich einen Maienbaum
Aufsteigend in den Himmelsraum.

Habt Dank für eure kühle Rast,
Ihr schattigen Edeltannen!
Jetzt zieh' ich als ein durstiger Gast
60 Zu vollen Krügen und Kannen.
Habt Dank für euren Waldgesang,
Ihr Vögel in den Zweigen!
Mich lockt der Pfeifen und Saiten Klang
Hinweg zum fröhlichen Reigen.
65 Heran mein brauner Wanderstab
Mit Eisen wohl beschlagen!
Ein Tannreis brech' ich mir noch ab,
Am Hute will ich's tragen.
Schon hör' ich Jubel und Festgeschrei
70 Und Jauchzen heller Kehlen.
Sie feiern im Dorf den ersten Mai:
Ich darf dabei nicht fehlen.

III.

Es schmettert das Blech und es rumpelt der Baß,
Die Pfeifen tönen ohn' Unterlaß.
Hei, wie der Bursche sein Mädchen schwingt,
Und wie sein Jauchzen zum Himmel dringt!
5 Sie tanzen auf, sie tanzen nieder,
Die Wangen glühen, es wogt das Mieder,
Die Bänder flattern, die Röcke fliegen —
O fröhlicher Reigen, o seliges Wiegen!

Rings auf der Bank in behäbiger Ruh
10 Sitzen die Alten und schauen zu,
Die Männer im Wams mit blinkenden Knöpfen
Die Pudelmütz' auf den eckigen Köpfen,
Die Weiber im schweren Wollenkleide,
In der Schneppenhaube von schwarzer Seide.
15 Sie blicken auf die tanzende Menge
Und spenden Lob und tadeln strenge,
Das Eine aber ist allen klar,
Daß einst der Mai viel schöner war
Und fröhlicher auch die Lustbarkeit. —
20 Wo bist du gute, alte Zeit?

Dem Wirt mit Käpplein und mit Schurz
Wird heut der Atem fast zu kurz.
Geschäftig trägt er von Bank zu Bank
Eigenhändig den Gerstentrank.
25 Dann wieder löst er in der Kammer
Des Fasses Spund mit dröhnendem Hammer.
Jetzt malt er an die Thür von Eichen
Mit Kreide ein bedeutsam Zeichen.
Jetzt holt er aus dem braunen Schränklein
30 Dem Förster ein gebranntes Tränklein,
Und wenn er zapft und schenkt und mißt,
Er nicht den eig'nen Leib vergißt.

Am offnen Herd die Wirtin keucht,
Den blauen Rauch von hinnen scheucht,
35 Der wirbelnd von den Kohlen geht,
Darauf die saftige Bratwurst brät.
Und wer sich gern am Süßen letzt,
Der findet auch, was ihn ergetzt.
Am Tischlein, das im Schatten steht,
40 Wird feil gehalten alter Met,
Lebkuchen süß wie Honigseim
Und Bärenzucker und Gerstenschleim.

Auch war gekommen zur guten Stund
Ein fahrender Mann mit einem Hund,
45 Darauf in roter Jacke ritt
Ein Affe, welcher Gesichter schnitt.

Barfüßig stand um ihn herum
Des Dorfes Jugend als Publikum,
Suchte durch Zähnefletschen und Bellen
50 So Hund wie Affen in Schatten zu stellen.
Doch als der Mann mit dem Teller kam,
Die **Schar** der Kleinen Reißaus nahm.

Ein wenig **abseits** beim vollen Glas
Ein alter Mann auf dem Bänklein saß
55 **Mit** breitem Hut und grobem Rock,
Ledertasche und Schäferstock.
Das war ein hochberühmter Mann,
Der weise **Schäfer** Florian.
Er kannte der Wurzeln Eigenschaft,
60 Der Kräuter Gift und heilende Kraft,
Wußte Salben und Träuklein zu kochen,
Schiente geschickt zerbrochene Knochen,
Heilte auch Schäden und alte Gebrechen
Und konnte das rinnende Blut besprechen.
65 Darum genoß **er** hohe Ehr',
Als ob er gar ein Doktor wär',
Ja Edelleute und reiche Grafen
Suchten ihn auf bei seinen Schafen,
Und mancher blanke Silberling
70 In seine Schäfertasche ging.
Doch war er als ein Mann bekannt,
Der mehr **als** Brot zu essen verstand.
Drum pflegte sich auch von dem Alten,
Wer ihn nicht brauchte, **fern** zu halten.

75 Auch heut am Fest des ersten Mai'n
Saß Meister Florian allein.
Zu seinen Füßen auf dem Grund
Lag Lips der alte Schäferhund
Mit spitzem Kopf und zottigem Haar,
80 Der fast so klug wie sein Herre war.

Der Alte verwandte die Augen kaum
Vom Völklein unter dem Maienbaum.
Dort drehte sich wie Laub im Wind
Die schöne Ilse, des Schäfers Kind.

85 Nicht eine unter der Dirnen Schar
Der Jungfer Ilse vergleichbar war.
Ihr Leib war schlank und hoch gewachsen,
Die Haare waren weich und flachsen,
Die Äuglein klar wie Himmelslicht,
90 Wie Apfelblüte das Angesicht.
Gar sauber trug sie sich dazu
Vom Scheitel bis zum Bänderschuh.
Von rotem Scharlach das Mieder war,
Die Knöpfe waren von Silber gar.
95 Lichtgrüne Bänder drei Finger breit
Umsäumten das dunkle Wollenkleid.
Der Haubenfleck von goldnem Schein
Mußte wohl ein altes Erbstück sein,
Ingleichen das Korallenband,
100 Das dreifach ihren Hals umwand.

Oft warf, wenn Ilse tanzte vorüber,
Sie schnell einen Gruß zum Vater hinüber,
Weit öfter aber flog ein Blitz
Der Augen zu der Spielleut' Sitz,
105 Den sie aus Fässern, Brettern und Latten
Geschickt zusammen gezimmert hatten.

Dort droben zwischen Geige und Baß
Ein braungelockter Geselle saß,
Der einen Grubenkittel trug
110 Und unermüdlich die Zither schlug.
Sein Barthaar war noch jung und weich,
Sein Angesicht ein wenig bleich,
Dieweil das Grubenlicht **im** Schacht
Der Knappen Wangen nicht röter macht.
115 Doch sah er mit den Augen sein
Gar lustig in die Welt hinein,
Hatte auch verständig die Jugendkraft
Gespart auf seiner Wanderschaft.
War gewesen im **Harz und** in Sachsen,
120 Wo Silberstufen wie Schwämme wachsen.
Als Knapp er drauf in Diensten stand
In Böheim und in Ungarland,
Ja **bis** nach Siebenbürgen hinein
Möchte der Frieder gekommen sein,
125 Hätte nicht Weh nach seinem lieben
Thüringerland ihn **heim** getrieben.
Nun thät er als Häuer in den Zechen
Stollen treiben und Erze brechen.

War aber wie heute ein Fest im Land,
130 So ward der Bergmann ein Musikant
Und schlug mit einem Federkiel
Sein langgehalstes Saitenspiel.
Auch hatte der Frieder von seiner Reise
Mitgebracht manche neue Weise,
135 Manch schönes Lied, manch lustigen Reim
Lehrte er seine Gesellen daheim,
So daß er bald mit Spiel und Sang
Der Alten und Jungen Herz bezwang
Und daß zumal der Dirnen Schar
140 Dem lustigen Frieder gewogen war.
Vor allen war ihm hold gesinnt
Die schöne Ilse, des Schäfers Kind,
Und weil auch ihn die Magd gefiel,
So ward sie bald sein Herzgespiel.
145 Drum flogen die Blicke zwischen den Zwei'n
Wie Botschaft tragende Vögelein.

Inzwischen war zum Maienfeste
Gekommen ein Häuflein neuer Gäste,
Gar feine Gesellen, an Jahren jung;
150 Hochfahrend schienen sie auch genung.
Der Eine war wol edlen Stamms.
Er trug ein stattlich Sammetwams,
Die wallende Feder am Barette,
Den Dolch an blanker Silberkette
155 Und um den Hals zurückgeschlagen
Den allerfeinsten Spitzenkragen.

Ihm selber mochten zumeist gefallen
An seinen Schuhen die Silberschnallen,
Dieweil er oft beim Geh'n und Dreh'n
160 Auf selbige that hinunter seh'n.

Der Junker Konrad war bekannt
Als leichtes Tuch im ganzen Land.
Er hatte sich der Jahre sieben
Auf hohen Schulen herumgetrieben
165 Und war gekommen im achten Jahr
So klug als er gegangen war.
Dem Vater, der in der nahen Stadt
Als Schultheiß strenge walten that,
Mocht's ohne große Müh' gelingen
170 Den Sohn in Amt und Brot zu bringen,
Und Junker Konrad ward alsbald
Zum Schreiber des weisen Rats bestallt.
Gar selten aber der Junker saß
Bei Pergament und Tintenfaß.
175 Weit lieber saß er im weißen Schwanen
Bei seinen durstigen Zechkumpanen,
Die halfen seinen Ruhm vermehren
Und seines Vaters Säckel leeren.
Auch zog er gern auf's Land hinaus
180 Zu Tanz und Spiel und Kirmesschmaus,
Suchte mit süßen Reden und Blicken
Die Bauerntöchter zu bestricken
Und war gefürchtet überall
Als wie der Marder im Hühnerstall.

185 Der Junker ließ nach allen Seiten
Übermütig die Blicke gleiten,
Bis er die blonde Ilse fand,
Die rastend vom Reigen abseits stand
Mit glühenden Wangen und wogender Brust,
190 So recht eine liebe Augenlust.

Alsbald der Junker den Beutel zog,
Und auf der Spielleut' Bühne flog
Im Bogenwurf mit lautem Kling
Ein schwerer, dicker Silberling.
195 Drauf faßte er die Hand der Magd,
Ihr Tänzer ward drum nicht gefragt,
Und ob dem Burschen das Blut auch wallte,
Und ob er die Faust in der Tasche ballte,
Es half ihm nichts, er mußte schweigen,
200 Wie jener die Schöne führte zum Reigen.

Dem Spielmannsvolk hatte neues Leben
Des Junkers Silberstück gegeben,
Die Fiedelbogen gingen schneller,
Und Horn und Pfeife tönten heller,
205 Dazwischen brummte tief und schwer
Die Baßgeig' wie ein satter Bär,
Und reger Eifer war in Allen,
Den reichen Stadtherrn zu gefallen.

Nur Einer that einen falschen **Griff**,
210 Als zierlich Herr Konrad vorüber schliff,

Das war der Frieder, der auf der Zither
Herum fuhr wie ein Ungewitter.
Und immer wilder die Weise klang,
Je länger der Schreiber schön Ilse schwang.
215 Als aber der Bergmann mußte seh'n
Den Junker zur Lebzeltbude geh'n,
Allwo der salbenduft'ge Fant
Ein großes, zuckernes Herz erstand,
Da hielt sich der Frieder länger nicht;
220 Das Blut ihm stieg in das Angesicht,
Und heisa! flog er wie der Blitz
Herunter vom Musikantensitz,
Daß vor Erstaunen fast der Chor
Den Takt und den Verstand verlor.

225 Der Frieder aber rief hinauf:
„Jetzt, liebe Gesellen, spielt mir auf,
Spielt eure schönsten Melodei'n;
Mein ganzer Verdienst soll euer sein!"

Drauf thät er sonder langes Weilen
230 Der blonden Ilse entgegen eilen
Und schob ohn' eben viel zu fragen
Beiseit den Junker in Spitzenkragen,
Wobei der Zufall es verhing,
Daß das zuckerne Herz in Stücke ging.
235 Schön Ilse dem Frieder entgegen sprang,
Den Arm er um die Traute schlang,
Und von der Spielleut' Bank herab
Das Horn ein schmetterndes Zeichen gab.

  Hei, was doch eines Einzigen Mut
240 Für Wirkung bei den Andern thut!
Die Blödigkeit der Burschen war
Verschwunden plötzlich ganz und gar.
Keck traten alle auf dem Plan
Mit ihren Mädchen zum Reigen an
245 Und thäten baß die Städter kränken
Mit Jauchzen, Schreien und Hüteschwenken.
Die saßen seitab auf der Bank
Den Groll ersäufend im Gerstentrank.

  Es schmettert das Blech und es rumpelt der
250 Die Pfeifen tönen ohn' Unterlaß.   [Baß,
Hei, wie der Bursche sein Mädchen schwingt,
Und wie sein Jauchzen zum Himmel dringt!
Sie tanzen auf, sie tanzen nieder,
Die Wangen glühen, es wogt das Mieder,
255 Die Bänder flattern, die Röcke fliegen —
O fröhlicher Reigen, o seliges Wiegen!

  Die letzten Töne sind verklungen,
Das junge Volk hat sich satt gesprungen,
Und rastet an den Tannentischen,
260 Die Kehlen mit schäumendem Bier zu frischen.
Die Kannen klappen, die Gläser klingen,
Scherzworte hinüber, herüber springen.
Zuweilen aus der bunten Reih'
Dringt auch ein ängstlicher Weiberschrei,
265 Wenn von zu handgreiflicher Art
Der Burschen Minnen und Werben ward.

Da wendet zum lustigen Frieder sich
Des Lindenmüllers Heinerich:
„Hör' Frieder, mach' es uns zu Dank,
270 Bericht' uns einmal den lustigen Schwank,
Wie einst der **Stadt** hochweiser Rat
Den Kaiser **bei sich** empfangen **hat**."

Das spricht **der** Bursch mit lautem Mund,
Daß man's am Tisch vernehmen kunnt,
275 Daran bei Krug **und** Deckelglas
Der Schultheißsohn, Herr Konrad, saß,
Der eben **mit den** Gesellen sein
Vom **Bier war** übergegangen zum Wein.

„Erzähl', erzähle!" der **Haufe** schreit,
280 Und Frieder ist gleich dazu bereit.
Er achtet der ängstlichen Ilse nicht,
Die leise warnend in's Ohr ihm spricht,
Und als er einen Trunk gethan,
Fängt er die Märe **also** an:

285 **Im** röm'schen Reich liegt eine Stadt,
In Franken oder Sachsen.
Dort ist so klug der Magistrat,
Daß er das Gras hört wachsen.
Das ward dem Kaiser kund gethan.
290 Er sprach: Schirrt **mir** die Rößlein an,
Daß aus der Weisheitsquelle,
Ich schöpf' an Ort und Stelle.

Frau Holde.

> Da ward's dem Bürgermeister bang
> Und schwül dem weisen Rate,
> 295 Dieweil es fehlte zum Empfang
> Am festlichen Ornate.
> Es war des Städtleins Säckel leer,
> Und teuer war der Sammet sehr.
> Auch lieferte die Kleider
> 300 Der Stadt auf Borg kein Schneider.
>
> Der Bürgermeister schaffte Rat
> Am End nach langen Wehen.
> Er ließ den Herrn vom Magistrat
> Je einen Ärmling nähen.
> 305 Der war geschnitten, wie sich's schickt,
> Aus Purpursammet und gestickt
> Mit eitel güldnen Drähten
> Und Litzen auf den Nähten.
>
> Gekommen war der Ehrentag,
> 310 Der Kaiser kam gezogen,
> Und in den Rathausfenstern lag
> Auf Arm und Ellenbogen
> Geschmückt mit neuer Sammetwat
> Der Bürgermeister und der Rat.
> 315 Die blickten froh und munter
> Auf's Volksgewühl herunter.
>
> Drob war der Kaiser tief gerührt
> Und gab der Stadt als Wappen,
> Das sie bis heutzutage führt,
> 320 Drei rote Narrenkappen

Mit güldnen Schellen wohl geziert
Und langen Ohren ausstaffiert.
Sie sind in Stein gehauen
Noch heut am Thor zu schauen.

325 Des lust'gen Frieders Stimme schwieg,
Ein lautes Gelächter vom Tische stieg.
Herrn Konrad aber und seinen Gesellen
Fingen die Kämme an zu schwellen,
Dieweil sie Kinder waren der Stadt,
330 In der sich das Stücklein begeben hat.
Der Junker den Becher hinuntergoß,
Einen wütenden Blick auf den Frieder schoß
Und sprach etwas nicht eben leis,
Das klang wie Lümmel und Bauerngeschmeiß.

335 „Oho!" erscholl's von dem andern Tisch,
„Was hat er gesagt, der Flederwisch?
Der Federfuchser, der Bauernschinder
Will schimpfen ehrlicher Leute Kinder?
Heida ihr Bursche, herbei, herbei
340 Und schlagt ihm Arm und Bein entzwei!"

Den Städtern ward es bang und schwüle.
Schon krachten die Beine der hölzernen Stühle,
Die Hunde bellten, die Weiber krischen,
Zur Ruhe mahnten die Alten dazwischen,
345 Die Becher stürzten, es floß der Trank
In bräunlicher Flut über Tisch und Bank,

Und steinerne Krüge in weitem Bogen
Zum Junker Konrad hinüber flogen.

Da klang herab vom Kirchenturm
350 Die Abendglocke. Da schwieg der Sturm,
Da legte sich der Kämpen Wut,
Vom Kopf sie nahmen Mütz' und Hut,
Andächtig standen sie im Kreise
Gesenkten Haupts und beteten leise.

355 Wohl hätte, als verstummt das Geläut,
Manch Einer gerne den Kampf erneut,
Allein die Städter in eiliger Flucht
Hatten bereits das Weite gesucht.
So schloß die Feier des ersten Mai
360 Für diesmal ohne Rauferei.

IV.

In des Wirtes Hinterstüblein,
Wo sich nur erles'ne Gäste
Um den Ahorntisch versammeln,
Wo in schweren Eichenschränken
Alter Hausrat aufbewahrt ist,
Blankes Zinn, geschliff'ne Gläser,
Blau bemalte und mit Sprüchen
Fein gezierte Henkelkrüge
Und der Wirtin schönstes Tischzeug,
Wo der braune Ledersessel
Mit den blanken Buckelnägeln
Seine weiten Arme öffnet,
Dort bei'm trüben Schein der kleinen
Thrangefüllten Weißblechlampe
Saß ein Häuslein froher Leute,
Obenan am Tisch der alte
Schäfer, neben ihm schön Ilse
Und der Bergmann mit der Zither.

Auf dem Tisch stand eine große
Biergefüllte Deckelkanne,
Die der Wirt gespendet hatte

Dankbar, weil des Schäfers Heiltrank
Den erkrankten Apfelschimmel
Wunderbar gekräftigt hatte,
Also daß er heut nach einer
Leidenswoche wieder Hafer
Kaute mit erneuter Freßlust.

Auch der Förster mit dem grauen
Schnurrbart saß im Herrenstüblein,
Denn er war ein Freund der lust'gen
Lieder, die der junge Frieder
Gern zu seinem Saitenspiel sang.

Kühle Nächte hat der Mai noch,
Und der grüne Kachelofen,
Drin die Tannenscheiter knackten,
Bot den Gästen gute Dienste
Und dem Wirt auch, der den breiten
Rücken sich behaglich wärmte.

Eine lange, ernste Predigt
Wegen seines Übermutes
Hatte Frieder hören müssen
Aus dem Mund der blonden Ilse.
Erst nachdem er ihr versprochen
Sich von Grunde aus zu bessern,
War Verzeihung ihm geworden,
Und nun saßen sie vergnüglich
Hand in Hand die Welt vergessend.

„Holla Frieder!" rief der Förster
Von der Ofenbank herüber,
„Laß das Mädel, nimm die Zither,
Gieb ein lustig Lied zum besten!"
Und der Frieder nahm die Zither,
Prüfte mit der Hand die Saiten,
Und nach einem feinen Vorspiel
Hob er also an zu singen:

Der Mai kommt als Freier,
Den Strauß in der Hand,
Im bräutlichen Schleier
Begrüßt ihn das Land.
Er hat uns gedungen
Zu Spiel und zu Tanz,
Drum schmückt euch ihr Jungen
Mit Strauß und mit Kranz!

Es fliegen die Zöpfchen,
Es flattert das Band,
Was hast du dein Köpfchen
So scheusam gewandt?
Dem Mündlein, dem roten
Ein Kuß wird geraubt.
Der Pfarr hat's verboten,
Der Mai hat's erlaubt.

Will Eine nicht küssen
In magdlicher Scham,
Sie fügt sich in's Müssen,
Und bald ist sie zahm,

Bald läßt sie sich halten
Und kosen in Ruh;
Es drücken die Alten
Die Augen gern zu.

Solches sang der junge Bergmann,
Sang's, und auf der schönen Ilse
Lippen brannten heiß zwei andre,
Eh' die Jungfrau sich entschlossen,
Ob sie schreien oder lieber
Solches bleiben lassen solle.
Zwar sie rächte augenblicklich
Den geraubten Kuß mit einem
Schlag auf ihres Buhlen Wangen,
Doch der Frieder lachte lustig
Zu der Strafe, und von neuem
Ließ er seine Stimme klingen:

Ob Edelfink, ob Bettelspatz,
Ob Staar, ob Philomele,
Ein jeder feiert seinen Schatz
So, wie ihm klingt die Kehle.
Die Weiblein hören's duldend an,
Sie müssen sich's gefallen la'n.

Der Pfauenhenne singt der Pfau,
Der Tauber seiner Taube,
Zaunkönig singt der Königsfrau
Sein Lied im dürren Laube,

Den bunten Hühnern singt der **Hahn**,
Sie müssen sich's gefallen la'n.

Dieweil der **Schwan** nicht singen kann,
105 So pflegt er **stumm** zu werben
Und liebt sein Weib als stummer Mann,
Doch wenn es geht an's Sterben,
Singt seiner Trauten auch der Schwan,
Sie muß es sich gefallen la'n.

110 Mit Kreischen um die Liebste zieht
Im Kreis der Hühnergeier,
Der Katze singt sein Minnelied
Der junge Katerfreier,
Der Fröschin singt der Froschgalan,
115 Sie muß es sich gefallen la'n.

Es singt der **Bach** dem Tausendschön,
Der Wasserfall der Weide,
Der Gletscherjungfrau singt der Föhn,
Der Abendwind der Haide,
120 Der Erde singt der Ozean,
Sie muß es sich gefallen la'n.

Du Mädel mit dem blonden Haar,
Jetzt stimm' ich meine Laute,
Sonst glaubt die Welt am Ende gar,
125 Ich hätte keine Traute.
Geschwind das Fenster aufgethan!
Du mußt es Dir gefallen la'n.

Frau Holde.

Von dem Klang des Saitenspieles
Und der frischen Jugendstimme
130 Angelockt erschien die Wirtin,
Die nach mühevollem Tagwerk
Endlich nun verschnaufen durfte.
Auch der Wirtin schöne Tochter
Mit dem aufgewund'nen Haarzopf
135 Und der braunen Gürteltasche,
Jungfer Marthe **war** gekommen;
Hatte weidlich sich geschwungen
Heut im Reigen um den Maibaum,
Müde lehnte sie am Schenktisch
140 Lauschend auf die Zitherklänge.
Nach der blondgezöpften Marthe
Flog ein Schelmenblick des Spielmanns,
Und es **klang** die helle Stimme:

Es saßen drei Kamraden
145 Am Tisch und tranken Wein.
Wirtstöchterlein im Gaden
Zog emsig ihren Faden,
Ihr Haar gab lichten Schein.
Die Spindel geht **im** Kreis herum,
150 Das Mädel schaut nach Keinem um.

Der Erste sprach: „Ich scheide,
Im Herzen trag' ich Weh.
Du weißt, wie schwer ich leide,
Vielliebe Augenweide,
155 Und bist so kalt wie Schnee."

Die Spindel geht im Kreis herum,
Das Mädel schaut nach Keinem um.

 Es drückte in die Stirne
Der Zweite sich den Hut.
160 „Es sitzt der eitlen Dirne
Die Hoffahrt im Gehirne.
Ich bin für sie zu gut."
Die Spindel geht im Kreis herum,
Das Mädel schaut nach Keinem um.

165 Da blieb **allein** der Dritte,
Der sprang vom Tisch geschwind,
Und ohne **Frag'** und **Bitte**
Keck nahm **er** um die Mitte
Das blondgezöpfte Kind.
170 **Die** Spindel stockt, der Faden bricht;
Was mehr geschah, verrat' ich nicht.

 Also sang **der** lust'ge Bergmann,
Und der Förster sagte lachend:
„Ei, wie steigt das Blut der Kleinen
175 In die Wangen und die Stirne.
Jungfer Marthe, Jungfer Marthe!
Hat der Frieder für das Liedlein
Wie für jenes von den Ratsherrn
Und den neuen Sammetärmeln
180 Hiezuland den Stoff gefunden?"

 Aber ernsthaft schwur der Spielmann:
„Nein, die Worte wie die Weise

Hab' ich einst auf meiner **Wandrung**
Irgendwo, ich glaub' in Meißen
185 Oder Böheim gar vernommen,
Doch ich weiß ein schönes, neues
Lied von einem schlimmen Gastwirt,
Der allhier vor vielen hundert
Jahren Waizenbier verzapft hat.
190 Wollt ihr's hören?" — „Ja, laß hören!"
Und der Frieder sang zur Laute:

Nicht **weit** von hier **im Walde lag**
Vor Alters eine Schenke.
Dort rann vom Zapfen **Tag** für Tag
195 Das edelste Getränke.
Doch war der Wirt ein Bösewicht,
Er schenkte keinem Gaste nicht
    Voll Maß.

Da kam einmal im Pilgerkleid
200 Vor langen, langen Jahren
Ein Mann von Durst und Frömmigkeit
Vom heil'gen Land gefahren.
„Herr Wirt, ein Krüglein Waizenbier!
Zu deinem Heile rat ich Dir:
205   Voll Maß!"

Der arge Wirt — man glaubt es kaum —
Dem frommen Gottesmanne
Drei Finger Bier und sieben Schaum
Kredenzt er in der Kanne

210 Und trug sie lächelnd vor ihn hin
Und sprach mit hinterlist'gem Sinn:
"Voll Maß."

Der Gast mit finsterem Gesicht
Thät in die Kanne sehen,
215 Trank aus, stand auf, bezahlte nicht
Und murmelte im Gehen:
"Für dein gespritztes Waizenbier
Sei Strafe einst gemessen Dir
Voll Maß."

220 Der Wirt, als ihn der Tod gemäht,
Fand einen strengen Richter.
Um Mitternacht er spuken geht
Und bläst auf einem Trichter.
Der Wandrer kriegt die Gänsehaut,
225 Vernimmt er seinen Klagelaut:
"Voll Maß."

Mir selber ward die Schauermär
An Ort und Stell berichtet,
Und jedem Wirt zu Nutz und Lehr
230 Hab' ich dies Lied gedichtet. —
Herr Wirt schaut nicht so sauer drein,
Da nehmt den Krug und schenkt mir ein
Voll Maß!

Hei, da lachten alle Gäste
235 Und die Wirtin und die Tochter,

Ja es lachte auch der **dicke**
Wirt, **auf** den der Schwank gemünzt war,
Und er stellte vor den Spielmann
Eine Kanne auf den Zechtisch.
„Wohl bekomm's 's ist voll gemessen."

Wieder ließ der junge Frieder
Seiner Laute Saiten tönen,
Aber sanfter **jetzt und** süßer
Klang die **Zither und** die Weise:

    Die Schwalben zieh'n und Schwäne,
    Es blüht der Weidenbaum.
    Mein Rößlein schüttelt **die** Mähne
    Und beißt in seinen **Zaum.**
    Das schönste Kind **von** allen
    Läßt trauernd ihr Tüchlein **weh'n.**
    Zwei Thränen ließ ich fallen,
    Doch niemand hat's geseh'n.

    Es steht ein **Pfahl**, ein bunter
    Am **Scheideweg** im Feld,
    Der weißt in's **Dorf hinunter**
    Und in die weite Welt.
    In Osten oder Westen,
    Wo find' ich wohl das Glück?
    Ich glaub' es ist am besten,
    Ich kehre **zu** ihr zurück.

    * * *

Blüten, Blüten überall.
Süßes Locken der Nachtigall.

Nachtigall auf dem Hollundertrieb,
Hat mich das blonde Mädel lieb?

265 Und die Nachtigall nimmer müd
Singt: „Sie glüht, sie glüht, sie glüht."

* *

Tausend Sternlein in der Nacht
Aus der Höhe funkeln.
Steigt herauf der Sonne Pracht,
270 Wird sie euch verdunkeln.

Bunte Meisen klettern flink
Singend in den Zweigen,
Aber schlägt der Edelfink,
Müßt ihr alle schweigen.

275 Veiel und Vergißmeinnicht
Blühen an den Hecken.
Wenn der Rose Knospe bricht,
Müßt ihr euch verstecken.

Schöne Mägdlein früh und spät
280 Schau' ich in den Gassen.
Wenn mein Lieb vorüber geht,
Müßt ihr all' erblassen.

* *

Frau Holde.

In meines Nachbars Garten steht
Ein Nelkenstock im Gartenbeet
285 Mit Knospen und mit Blüten.
O wär' ich doch der Nelkenstock!
Das Nachbarkind im Goldgelock
Thät hegen mich und hüten.

In meines Nachbars Garten steht
290 Ein Rebenstock am Zaunstaket
Und klettert an den Planken.
Der Weinstock möcht' ich selber sein;
Zum Nachbarkind durch's Fensterlein
Wollt' ich behend mich ranken.

* * *

295 Die Sterne am Himmel wallen
Und halten die Äuglein wach,
Der schönste Stern von allen
Steht über deinem Dach.
Ich ließ mich von ihm führen
300 Durch Wiese, Wald und Moor,
Du aber schobst den Thüren
Die neidischen Riegel vor.

Wieviel ich Kieselsteine
An deine Läden warf,
305 Du ließt mich draußen alleine,
Die Nachtluft wehte scharf.

Und heute auf der Gassen
Nickst du mir lachend zu.
Wirst du dein Necken nicht lassen,
So weiß ich, was ich thu'.

Ich weiß von einem Berge
Und einem Schloß darin.
Dort dienen Feien und Zwerge
Der schönsten Königin.
Sie spinnt von güldenem Rocken
Des Spätjahrs fliegenden Lein
Und hüllt in weiße Flocken
Im Winter die Erde ein.

Und ist dir meine Minne,
Du spröde Magd, zu schlecht,
So biet' ich der Königinne
Zu Diensten mich als Knecht.
Bei ihrem Minnesolde
Vergeß' ich, was ich verlor. —
Mach' auf, mach' auf, Frau Holde!
Dein Buhle steht am Thor.

Solches sang der Bursch zur Zither,
Aber ernsthaft sprach der Förster:
„Frieder, Frieder, laß dich warnen,
Mal' den Teufel an die Wand nicht!
Was vom Teufel gilt, das gilt auch,
Glaub' mir's, von den Teufelinnen.

Frau Holde.

Hast ja wohl die Mär vernommen
Von dem Ritter, den Frau Holde
335 Hielt in ihrem Berg gefangen.
Selbst in Rom der heil'ge Vater
Konnte nicht den Armen lösen
Aus der Teufelinne Klauen.
Frieder, Frieder laß dich warnen.
340 Gehst du heute Nacht nach deinen
Gruben über'm Wald, so mußt du
An dem Holdestein vorüber.
Schlag' ein Kreuz und bet' ein Sprüchlein,
Daß dir Höllenkunst nicht schade.
345 Seit die Ritter in dem Lande
Selten werden, nimmt Frau Holde
Auch fürlieb mit deinesgleichen."

Warnend ließ sich auch die Wirtin,
Die mit eingestemmten Armen
350 An dem Zechtisch stand, vernehmen:
„Ja es ist mit großen Herren
Nicht gut Kirschen essen. Manchmal
Ist Frau Holde mild und gnädig
Und beschenkt die armen Kinder,
355 Die im Holze Beeren suchen.
Aber wer den Zorn der Spinnfrau
Reizt, dem sei der Himmel gnädig.

Saßen einmal sieben Mägde
Beieinander in der Spinnstub',

360 Drehten lustig ihre Spulen,
Sprachen dies und sprachen jenes,
Und so kam denn auch die Rede
Auf die Spinnerin, Frau **Holde**.
Eine von den losen Dirnen
365 Hüllte **sich in einen** Laken,
Und vermummt **als** Spinnfrau **tanzte**
Sie im Kreise ausgelassen.
Plötzlich aber **klang** das Fenster,
Und in's Stüblein blickte grimmig
370 Die Verhöhnte. **Auf** den Boden
Warf sie sieben leere Spindeln
Und zu den entsetzten Mägden
Sprach sie dräuend: ‚Sind die Spulen
Binnen jetzt und einer Stunde
375 Allesammt nicht voll gesponnen,
Harret euer harte Strafe.'

Schluchzend, ratlos saß das Häuflein,
Doch die klügste von den Dirnen
Schaffte Rat. Mit Werg umwunden
380 Wurden schnell die sieben Spindeln
Und das Werg mit Garn umsponnen.
Als nach abgelauf'ner Stunde
Wieder kam die strenge Spinnfrau,
Reichte eine von den Mägden
385 Zitternd **ihr** die sieben Spindeln,
Und Frau Holde sah verwundert
Drein und ging und kam nicht wieder,

Aber immer geht's so gut nicht.
Schreckliche Geschichten wüßt' ich
Zu erzählen, doch ich schweige."
Und sie that's und schöpfte Atem.

Jetzt ergriff das Wort der alte
Schäfer, und er sprach bedächtig:
"Unsereiner, der so manche
Liebe, lange Nacht im Felde
Neben seinem Pferche zubringt,
Sieht gar vieles. Grenzsteinrücker,
Die den Stein auf ihren Nacken
Ächzend durch die Fluren schleppen,
Wichtlein, die beim Tagesgrauen
Wie der Hamster und die Reitmaus
In die Felsenlöcher schlüpfen,
Sah ich oft. Den wilden Elbel,
Der mit Rossen und mit Hunden,
Peitschenknall und Hussarufen
In den Wolken jagt, ich hört' ihn
Häufig über meinem Haupte,
Sah auch auf dem Rennsteig droben
Vor dem letzten Krieg den Heerwurm.
Doch Frau Holde, die im hohlen
Steine wohnt, erschaut' ich niemals.
Aber von dem Ärvatlteer
Hab' ich seltsames vernommen.

Dieser hütete als Knabe
An dem Holdestein die Kühe,

Und da sah er eines Tages
Mitten unter seiner Herde
Eine Kuh von großer Schönheit,
Weiß wie Milch. Am Abend aber,
420 Als er heimtrieb von den Triften,
War die weiße Kuh verschwunden.
Tags darauf geschah das Gleiche
Und so fort noch viele Tage.

Da beschloß der Hirt dem fremden
425 Weidevieh am nächsten Abend
Nachzuschleichen, und er that es,
Sah die Kuh in eine Felskluft
Treten und darin verschwinden.
Plötzlich aber stand ein schönes
430 Weibsbild vor dem jungen Hirten.
‚Was ist dein Begehren?‘ frug sie.
Und der Knabe rasch besonnen
Sprach: ‚Für Eure Kuh das Hutgeld.‘
‚Hier das Hutgeld,‘ sprach die Wunschfrau,
435 Und ein Silberstück, ein altes
Gab sie dem erstaunten Hirten,
Wandte sich und sprach im Gehen:

‚So du hättest nichts begehret,
Wär' dir worden mehr bescheret.‘

440 Dies geschah dem Altervater.
Und das Geldstück, das Frau Holde

Ihm geschenkt, das hab ich heut noch,
Hab's daheim in meiner Lade,
Und **wer's** sehen will, kann's sehen."

445 Also spannen sich **die** Reden
Munter weiter, bis vor'm Fenster
Horuruf schallte und des Wächters
Nachtgesang zum Aufbruch mahnte.

Aus dem Schränklein nahm der **Gastwirt**
450 Eine strohumflocht'ne Flasche,
Schenkte jeglichem der Männer
In ein daumenlanges Kelchlein
Einen kräft'gen, wohlgewürzten
Magenwärmer für die Heimfahrt.

455 Abschied nahmen dann die Gäste
Bald'ge Wiederkehr verheißend.
Nach dem Forsthaus schritt der Förster,
Frieder mit der Zither aber
Ging an seiner Trauten Seite,
460 Hinterdrein mit **Lips** dem Hunde
Florian, der alte Schafhirt.

In der Blütenbäume Zweigen,
Die im Mondlicht silbern glänzten,
Spielte leis der Wind **der** Berge
465 Wie der Buhle mit den Locken
Seiner Trauten, wehte kühlend
Um der blonden Ilse Wangen,
Um des Bergmanns heiße Stirne.

Leise ließ der junge Frieder
470 Seinen Abschiedssang erklingen:

Es geht ein lindes Wehen
Durch Baum und Blütenstrauch.
Kannst du, mein Lieb, verstehen
Des Frühlings leisen Hauch?

475 Ich hör' ihn deutlich sprechen
Und mache sein Wort dir kund:
Gott schuf die Rosen zum Brechen,
Zum Küssen den roten Mund.

Sang's, und diesmal kam des Sängers
480 Mund ein anderer entgegen.
„Gute Nacht, mein trauter Friedel!"
„Gute Nacht, mein liebes Herzblatt!"

In die Hütte mit dem Vater
Ging die Jungfrau, und der Bergmann
485 Stieg bergan mit leichten Schritten
In den mondbeglänzten Tannwald.

V.

Die alten **Tannen** träumen
Und stehen regungslos.
Es schreitet ohne Säumen
Der Spielmann durch das **Moos**.
5 Es zittert leis das feuchte
Riedgras im Waldgereut,
Darüber die Himmelsleuchte
Viel tausend Funken streut.
Bald hinter mächtigem **Stamme**
10 Verbirgt sich des Mondes **Licht**,
Bald wieder wie eine Flamme
Es durch die Lücken bricht.
Dann ist **wie** flackernd **Feuer**
Der Waldbach anzuseh'n,
15 Daran wie Ungeheuer
Die dunklen Büsche steh'n.
Mitunter knackt's im Holze
Von brechendem Geäst,
Wenn aufgescheucht der stolze
20 Waldhirsch sein Lager läßt.

Zuweilen huscht's am Wege
Vorüber und raschelt im Laub,
Wenn spürend durch die Häge
Ein Nachttier geht auf Raub.
Mit leichtem Flügelschlage
Die Eule streicht vorbei.
Dazwischen klingt wie Klage
Der Wasserunke Schrei.
Es flattert von den Zweigen
Zuweilen ein Vogel geschreckt.
Dann wieder tiefes Schweigen
Die Tannenwälder deckt.

Der Frieder mit der Laute
Geht weiter wie im Traum.
Er denkt an seine Traute
Und an den Maienbaum.
Jetzt tritt er aus dem Schatten
Des Tannenwalds heraus.
Und mondbeglänzte Matten
Breiten sich vor ihm aus.

Umschlossen ist die Wiese
Von Felsen waldbedeckt.
Darunter ein mächtiger Riese
Sich in den Himmel streckt.
Es quillt mit lautem Schäumen
Zu seinen Füßen ein Born,
Den wilde Rosen umsäumen
Und weißer Hagedorn.

Die Schultern und den Nacken
Hüllt dunkles Tannicht ein,
Das Haupt trägt spitze Zacken. —
Das **ist** der Holdestein.

Die schroffen Felsenmauern
Ein kalter Wind umweht.
Der Bergmann spürt ein Schauern,
Wie er vorübergeht.
Da treibt ihm in **die** Wangen
Die Scham **das** heiße Blut,
Und ohne Zagen und Bangen
Schwingt **er** zum Gruß den Hut.
Er läßt seine Stimme schallen
Und ruft in **die** Felsen hinein,
Daß rings die **Berge** hallen:
„**Glück auf, Frau Holde im** Stein!
Ein Ständchen will ich dir bringen
Mit Lautenschlag und Mund.
Mein Sang und Klang soll dringen
Hinab in des Berges Grund."
Es ruft's der kecke Geselle
Und hemmt den wandernden Fuß.
Sein Saitenspiel klingt helle
Und hell sein Spielmannsgruß:

Über Wald und Aue
Lacht der Mondenschein.
Wachst du, milde Fraue
Tief im hohlen Stein?

In des Berges Grunde
Hör' mich, Königin,
Hör' aus meinem Munde,
Wie ich glücklich bin.

Sah in fremden Reichen
Schöne Dirnen viel.
Alle müssen weichen
Meinem Herzgespiel.
Wenn ich tausend Hände
Hätt' und rastlos schrieb,
Nimmermehr zu Ende
Schrieb ich meine Lieb.

Wallst du durch die Fluren
Um die Sonnwendzeit,
Blüht aus deinen Spuren
Segen weit und breit.
Lenke deine Pfade
Zu der Liebsten Haus;
Gieße deine Gnade
Dort, Frau Holde, aus.

Der Sänger ist zu Ende,
Verklungen ist das Stück.
Es werfen die Felsenwände
Den letzten Ton zurück.
Da dröhnt's wie Donnerhallen,
Da flammt's wie Wetterschein,
Und silberne Nebel wallen
Rings um den Holdestein.

105 Und als der Duft zerronnen,
Steht in des Berges Spalt,
Zu Füßen den schäumenden Bronnen,
Ein Weib von hoher Gestalt.

Es trägt einen güldenen **Rocken**
110 Am Gürtel die schöne Frau
Und in den gelben Locken
Leinblüten himmelblau.
Vom Nacken bis zum Fuße
Wallt schimmerndes Gewand,
115 Und freundlich wie zum Gruße
Winkt ihre weiße Hand.
Es glänzt wie Winterflocken
Frau Holdes Angesicht,
Es klingt wie Osterglocken,
120 **Wie** sie zum Spielmann spricht:

„Dein Grüßen ist gedrungen
In meine Felsengruft,
Du hast mich wach gesungen,
Gelockt an **die** freie Luft.
125 Ich trinke **den** Duft der Wälder,
Ich bade im Mondenschein,
Ich segne Berge und Felder
Und Wiese, Wald und Rain.

Noch senden die Tannenriesen
130 Mir harzigen Opferrauch,
Noch spenden Fluren und Wiesen
Mir süßen Blumenhauch.

Tauthränen funkelnd helle
Noch weint um mich das Ried,
Noch rauscht mir zu die Quelle
Ein leises Runenlied.

Einst rauchten mir zur Ehre
Ringsher im grünen Land
Die steinernen Altäre
Von lohendem Opferbrand,
Und schöne Frauen schlangen
Um meinen Opferstein
Mit Blumenschmuck behangen
Den fröhlichen Frühlingsreih'n.

Mein Altar ist zerfallen,
Ich ward zum Kinderspott,
Die betenden Menschen wallen
Zu einem fremden Gott.
Der alten Götter Scharen
Hat Schrift und Kreuz verbannt;
Sie räumten vor tausend Jahren
Das undankbare Land.
Sie zogen auf goldener Brücke
In ihren Garten ein.
Ich blieb allein zurücke
Und wohne im hohlen Stein.
Ich kann das Land nicht lassen
Umwoben von Tannengeflecht,
Kann nun und nimmer hassen
Das sterbliche Geschlecht.

Und heut thät mir **bekunden**
Dein Schallgesang auf's Neu',
Noch ist nicht ganz geschwunden
Die alte Lieb und Treu.
165 Du sangst um mich zu ehren,
Rotmündiger Erdensohn;
Drum will ich dir bescheren
Gebührenden Spielmannslohn.
Knie' **nieder,** lieber Geselle,
170 Und schöpfe **von** dem **Rand**
Der schäumenden Felsenquelle
Drei volle Hände Sand."

Dem Spielmann schauern die Glieder,
Doch wie es Frau Holde ihm hieß,
175 Bückt er zum Wasser sich nieder
Und schöpft sich dreimal Kies,
Und als er sich erhoben,
Steht er am Born allein.
Das Nachtbild ist zerstoben,
180 Geschlossen der Holdestein.

„Das war eine tolle Geschichte,
Die ich geträumt heut Nacht."
So spricht bei des Morgens Lichte
Der Frieder, als er erwacht.
185 „Oweh, der Sonnenzeiger
Am Kirchturm weist auf neun!
Heut wird der Obersteiger
Sich höchlich über mich freu'n."

Er wirft zurück die Decke
190 Und fährt in sein Gewand.
Des Grubenkittels Säcke
Sind schwer von Steinen und Sand.
Und wie er Sand und Kiesel
Ausschüttet auf die Bank,
195 Fällt nieder ein leuchtend Geriesel
Von Körnern gelb und blank.
Erstarrt schaut der Geselle
Auf einen Hügel von Gold,
Darüber in blinkender Welle
200 Das Licht der Sonne rollt.

Da thut der luft'ge Frieder
Vor Freude einen Satz,
Dann birgt er sorglich wieder
An seiner Brust den Schatz,
205 Und rennt auf nächsten Wegen
Zu seiner Trauten Haus
Und schüttet den goldnen Segen
In Ilses Schürze aus.

„Nimm hin! Ich that heut Morgen
210 Am Holdestein den Fund.
Nun halte den Hort verborgen
Und wahre deinen Mund,
Und danke der Frau Holde,
Die uns erbaut das Glück.
215 Doch halt! Gieb von dem Golde
Mir einen Kiesel zurück.

Frau Holde.

Zum Städtlein will ich eilen,
Zum Meister Goldschmied geh'n.
Der soll mir hämmern und feilen
Der goldnen Ringe zween."

VI.

Vor dem Holdestein am Rand der Quelle
Sitzt des Schäfers Kind, die schöne Ilse,
Lips der kluge Hund an ihrer Seite.
Statt der Schneppenhaube trägt sie heute
5 Einen breiten Hut aus Stroh geflochten,
Trägt auch den gekrümmten Stab der Hirten
Und am Gürtel eine Ledertasche
Angefüllt mit Salz, dem vielbegehrten
Leckerbissen ihrer weißen Ziegen,
10 Die im Felsgeklüfte lustig kletternd
Naschen von der Büsche jungem Laubwerk.
Goldne Immen schwärmen um die Blumen,
Die das warme Licht der Sonne trinken.
Leise rauscht der Wald, es schäumt der Bergquell,
15 Und zuweilen klingt ein Geisenglöcklein.
In des Baches Wellen blickt die Jungfrau,
Wiegt den Kopf und singt mit leiser Stimme:

    Es steht im tiefen Tannenwald
    Verborgen eine Klause,
20   Und eine Hexe grau und alt
    Darinnen ist zu Hause.

Die trägt ein Ringlein an der Hand,
Deß Zauber alle Tiere bannt,
Die Eule und die Krähe,
Die Hirsche und die Rehe.

Ach wenn der Hexe Zaubergold
Den Finger mir umspannte,
Den wilden Falken, dem ich hold,
Wie bald ich fest ihn bannte.
Ich thät **ihn** mit den Händen fah'n
Und nimmermehr ihn ledig la'n,
Ihn an ein **Kettlein legen**
Und hegen recht und pflegen.

Da tritt herein im Birschgewand
Ein junger Waidgeselle.
Was hält der Knab in seiner Hand?
Ein Ringlein funkelnd helle.
Die Tiere bannt es nicht im Tann,
Doch bannt's dafür den Jägersmann.
Sobald der Ring dein Eigen,
Wird sich der Zauber zeigen.

Selig lächelnd schaut die Schöne wieder
In das Wasser, und mit wachen Augen
Schaut sie wie im Traume einen Brautzug,
Sieht den Frieder stolz und stattlich schreiten
Und sich selbst in hoher Flitterkrone,
Und sie hört die Geigen und die Flöten
Und der Kirchenglocke froh Geläute.

„Wenn der Frieder nur zur Stelle wäre!
50 Schon drei Tage läßt der liebe, schlimme
Bursche seine arme Ilse harren.
Zwar der Dienst im Bergwerk ist ein strenger,
Und der Steiger, der verdross'ne Griesgram
Ist dem lust'gen Knappen nicht gewogen.
55 Aber einmal hätt' er doch inzwischen,
Wenn auch nur auf eine süße Stunde
Über'n Wald herüber kommen können
Um nach seinem Herzgespiel zu schauen
Wart' nur Frieder! Sollst dafür mir büßen.
60 Will mit Schmollen dich und Schmälen strafen,
Bis du kleinlaut um Vergebung bettelst,
Und dann will ich dich verzeihend küssen,
Bis der Atem dir, du Böser, ausbleibt."

Also spricht die Schöne zu sich selber,
65 Und um sich den Unmut zu vertreiben,
Läßt sie wieder ihre Stimme klingen:

Ich bin zu Feld geschritten,
Wollt' schneiden Gras und Klee.
Die Sichel hat geschnitten
70   In's Fingerlein, oweh!

Ein Knabe kam zur Stunde
Gar keck und hochgemut.
Der schloß die tiefe Wunde
Und stillte mir das Blut.

75 Und weiter thät er schreiten,
Ich konnt' ihm danken kaum.
Sein denk' ich alle Zeiten
Im Wachen und im Traum.

Und tief im Herzen drinnen
80 Verberg' ich Gram und **Weh**.
O hätt' **er** lassen **rinnen**
Mein Herzblut **in den** Klee!

Ilse sang's. **Da hebt** der zott'ge Schafhund
Seinen Kopf und läßt ein Knurren hören.
85 „Hei, mein Frieder kommt!" so ruft die Dirne.
„Nein, das ist er nicht. Mit Zähnefletschen
Und gesträubtem Haar begrüßt den Frieder
Nicht der Hund. Ein Andrer ist's, **ein** Fremder.
Ruhig Lips!" **Sie** spricht's und mit der Rechten
90 Faßt sie den Getreuen **fest am** Halsband.

Aus des dunklen Tannenwaldes Schatten
Schreitet auf die sonnenhelle Wiese
Raschen Schritts ein Mann im grauen Mantel.
Jäher Schreck durchzuckt die schöne Ilse.
95 Junker Konrad ist's, der reiche Wüstling.

Nieder auf **die** Kniee neigt die Jungfrau
Ihre Stirn. Er geht vielleicht vorüber
Ohne sie zu seh'n. Doch nein, da kommt er
Gradeswegs zum Holdestein herüber.
100 „Lips, du kluges Tier, jetzt steh' auf Wache!"

In des Schreibers grauen Augen leuchtet
Wilde Freude, als er unvermutet
Sieht das schöne Schäferkind am Waldbach.
Höflich grüßend spricht er zu dem Mädchen:

105 „Schicksalsfügung ist es und kein Zufall,
Daß ich dich, du schöne Magd, hier treffe.
Wisse, auf dem Wege bin ich eben
Zu der Hütte, drein die holde Ilse
Haust und eine wicht'ge Botschaft trag' ich."

110 Ihm erwidert ruhig drauf das Mädchen:
„Sucht ihr meinen Vater, Junker Konrad,
Werdet ihr daheim ihn sicher finden.
Dort am Stein, auf dem die abgestorbne
Tanne wurzelt, müßt Ihr links Euch wenden,
115 Dann verfehlt ihr sicher nicht den Waldpfad."

Lächelnd spricht der Schreiber: „Nein, du
irrst dich.
Nicht dem Vater, dir, du schöne Ilse,
Gilt die Botschaft. Keinem andern mocht' ich
Sie vertrau'n. Sie kommt von einem Bergmann,
120 Der sich Frieder nennt."

Da springt vom Steine
Angstgeschreckt die Magd. „Von meinem Frieder?"
Fragt sie zitternd. „Sprecht, wo ihr ihn ließet!"

„Tief im Turm in Eisen und in Ketten."

125 „Tief im Turm? Barmherz'ger Gott! In
            Ketten?"
Stöhnt die Jungfrau. „Und warum gefangen?"

„Weil er Gold, daß er im Schacht gefunden,
Hat verheimlicht und sich angeeignet.
Heute sind's drei Tage her, da kam er
130 In die Stadt und bot dem Meister Goldschmied
Einen Kiesel feines Gold zum Kauf an.
Doch dem Meister schien der Bursch verdächtig,
Und er ließ alsbald ihn dingfest machen,
Und nun sitzt der Vogel hinter'm Gitter.
135 Weiß nicht, was er jetzo pfeift für Lieder."

Händeringend schrie die arme Ilse:
„Ach, der Unglückselge! Schuldlos ist er,
Schuldlos wie ein neugebornes Kindlein,
Schuldlos wie das Licht der lieben Sonne."

140 „Ja, das sagen alle," sprach der Schreiber.
„Selbst der arme Sünder, dem die Schlinge
Meister Hämmerlein schon um den Nacken
Hat gelegt, behauptet: ‚Ich bin schuldlos.'
Auch der Frieder will von Schuld nichts wissen
145 Und erzählt ein närrisch Ammenmärchen,
Wenn man fragt, wo er das Gold gefunden.
Doch die Richter haben kräft'ge Mittel
Des Verstockten Lippen zu erschließen."

Leise wimmernd saß die arme Dirne
150 Auf dem Stein, und helle, heiße Thränen
Fielen nieder in des Bergquells Wasser.
Endlich hob sie ihr betautes Antlitz
Und mit flehender Geberde rief sie:
„Junker Konrad, Ihr, Ihr müßt ihn retten!
155 Tragt es ihm nicht nach, was er beim Maibaum
Euch zu Leid gethan. Auf meinen Knieen
Bitt ich Euch, errettet meinen Frieder!"

Lauernd sah der Schreiber und begehrlich
Auf die Flehende zu seinen Füßen.
160 „Seine Schuld liegt klar am Tage," sprach er,
„Und das Urtel ist nicht mehr zu wenden.
Aber Gold vermag gar vieles. Hörst du?
Gold ist stärker als der stärkste Riegel,
Schließt den Mund und öffnet alle Thore,
165 Auch ein Kerkerthor. Verstehst du Ilse?
Sieh, dein Leid geht mächtig mir zu Herzen
Bist so schön und lieb. Die blauen Augen
Mag ich nicht in Thränen schwimmen sehen.
Retten will ich den gefang'nen Bergmann,
170 Will um deinetwillen aus dem Kerker
Ihn befreien und mit einem Zehrgeld
Ihn verseh'n, auf daß er außer Landes
Gehe und sich nimmer blicken lasse.
Alles das bin ich zu thun erbötig,
175 Wenn die schöne Ilse mich ein wenig
Lieb will haben und mir hin und wieder,

Wenn ich Abends an das Fenster klopfe,
Freundlich ihrer Hütte Thür' entriegelt."

Da erhob sich Ilse von dem Steine,
180 Wies mit ihrer Rechten nach dem Waldweg,
Den der Junker Konrad hergekommen,
Und mit zornentflammten Wangen sprach sie:
"Geht!"

Der Wächter fletschte seine Zähne
Grimmig knurrend, und es wich der Schreiber
185 Scheu zurück und biß sich auf die Lippe.

"Wohl, ich gehe," sprach er Ruhe heuchelnd,
"Aber sprich, was sag' ich deinem Buhlen,
Der auf deine Antwort sehnlich wartet?"

"Sag ihm — nein, du niederträcht'ger Bube,
190 Machst doch nun und nimmermehr mich glauben,
Daß mein Frieder dich zu mir geschickt hat.
Weiche, oder dich zerreißt der Schafhund!"

"Lebe wohl, du tugendreiche Jungfrau!"
Sprach der Schreiber. "Wirst nicht lange harren
195 Auf den lust'gen Frieder. Dieb'sche Raben
Hinter'm Gitter pflegen ist nicht Sache
Unsrer Stadt; das Futter kommt zu teuer.
Daß in Zukunft uns der Galgenvogel
Nicht mehr Gold entwende, giebt's ein Mittel.

200 Komm' an's Stadtthor am Gerichtstag, Ilse.
Deinen Frieder wirst du dorten finden.
Aber ruf' es ihm in seine Ohren,
Daß du's wirklich bist und keine andre,
Denn sonst glaubt dir's nicht der närr'sche Bursche.
205 Lebe wohl, du tugendreiche Jungfrau!"

„Halt, o halt!" schreit auf die arme Ilse.
„Steht mir Rede. Sprecht, wie soll ich deuten
Eure Worte? Herr, um Gottes Willen
Laßt mich nicht vergehen in Verzweiflung!"

210 „Sind dir meine Worte unverständlich,
Kluge Ilse, will ich deutlich werden.
Sahst du nie im Bauer einen Finken,
Der nicht springt, nicht flattert? Unbeweglich
Sitzt er Tag und Nacht auf seinem Stänglein,
215 Aber schöne Weisen kann er singen,
Schönre Weisen als die andern Finken,
Die die bunten Flügel lustig regen.
Manchmal schlägt der schwergemute Vogel
Mitten in der Nacht. Was weiß der arme
220 Schelm vom Tageslicht? — Er ist geblendet."

„Blenden, blenden," schreit die arme Ilse,
„Blenden wollt ihr seine treuen Augen?"

„Ja, das Augenlicht wird ihm genommen,
Denn so lautet seiner Richter Urteil,
225 Wenn — nun wenn es Ilse nicht verhindert."

Wimmernd liegt das Schäferkind **am Boden**.
„Blind, geblendet, wenn ich's nicht verhindre."

Nieder zu der unglücksel'gen Dirne
Beugt der Schreiber sich. „Steh' auf und trockne
230 Dein Gesicht und sprich ein einzig Wort nur,
Und es springt in nächster Nacht der **Riegel**
Vor dem Kerkerthore des Gefangnen.
Willst du deinen Frieder retten, Ilse?
Willst du? Ist dein Schweigen eine Antwort?"

235 Leises Stöhnen. —

„Ilse, darf ich heute,
Wenn der Schlaf umhüllt der Menschen Augen,
Darf ich dann an deine Thüre klopfen?
Bleich wie eine Tote hebt die Arme   [sten,
Sich vom Boden. — „Steht der **Mond am** höch=
240 Bin ich hier am Holdestein. Jetzt weichet!"

„Steht der Mond am höchsten," spricht der
                                    Schreiber,
„Bist **du** hier am Holdestein. Vergiß nicht,
Was du mir gelobt. Von deinen Wangen
Will ich dir die heißen Thränen küssen
245 Und in Freude deine Trauer wandeln."

Und er spricht's und schlägt den grauen Man=
Um die Schultern, wendet seine Schritte, [tel
Und verschwunden ist er bald **im** Tannwald.

VII.

An dem Stamm der stärksten Tanne
Haftet ein Marienbild!
Daß es bösen Zauber banne,
Der dem Holdestein entquillt,
Und den Tannenstamm umklammert
Hält ein hilfesuchend Weib,
Und sie betet und sie jammert,
Und es zuckt ihr schöner Leib.

    Zu dir geflohen
    Bin ich, Marie.
    Herab vom hohen
    Sternhimmel sieh!
    Kannst du vernehmen
    Mein Seelenfleh'n,
    Mein Weinen und Grämen,
    Kannst du es seh'n?
    In Eisen und Ketten
    Härmt er sich.
    Du kannst ihn retten,
    Retten auch mich.

Ende, ende
Sein Ungemach
Und von mir wende
Elend und Schmach.
Laß dich mein Flehen
Mein Jammern erweichen,
Laß mir geschehen
Vom Himmel ein Zeichen.

Schweigen, Schweigen, ringsum Schweigen,
Nur der Waldbach rauscht und quillt.
Ruhig aus den Tannenzweigen
Blickt herab der Jungfrau Bild.
Über des Gebirges Kamme
Bleich die Mondensichel steht,
Und das Weib am Tannenstamme
Ringt von Neuem im Gebet.

Von deinem Thron
Höre, ach höre!
Bei deinem Sohn
Ich dich beschwöre.
Du sahst verscheiden
Am Kreuz dein Kind,
Du weißt, was Leiden
Und Martern sind.
Sie flochten den Dorn
Ihm um das Haupt.
Des Lichtes Born
Ward ihm nicht geraubt.

Sie wollen blenden
Den Liebsten mein.
Du kannst es wenden,
Marie allein.
Hilf, rette dem Armen
Das Augenlicht.
Erbarmen, Erbarmen!
Ich kann es nicht.
Laß dich mein Flehen,
Mein Jammern erweichen,
Laß mir geschehen
Vom Himmel ein Zeichen.

Und die rot geweinten Lider
Schlägt sie auf zum Himmelssaal,
Doch kein Engel senkt sich nieder
Lindernd ihres Herzens Qual.
Wald und Quelle rauschen leise,
Jede andre Stimme schweigt,
Und der Mond am Himmelskreise
Höher, immer höher steigt.

Mein Seufzen all
Der Wind verweht,
Ein leerer Hall
Ist mein Gebet.
Das heil'ge Bild
Bleibt stumm und still,
Kein Trostwort mild
Mir tönen will.

Frau Holde.

> Nein, kein Erbarmen,
> Verlassen, allein. —
> Hilf du mir Armen,
> Frau **Holde** im Stein!

Da verläßt die Kraft **die Dirne**
Auf den Boden hart und schwer
Schlägt sie mit der weißen Stirne,
Und sie sieht und hört nicht mehr.
Weiße Nebelwolken schweben
Um den Quell am Holdestein,
Und mit dichten Dunstgeweben
Hüllen sie die **Arme ein.**

VIII.

Der Nebel wallt und wogt im Wind,
Ein Silberschleier den Stein umspinnt.

Harzduft die alten Tannen umweht,
Der schwindende Mond am höchsten steht.

5 Es jagen Wolken hinter ihm her;
Jetzt ist er verdeckt und leuchtet nicht mehr.

Und aus dem dunklen Tannenwald
Heraus tritt eine Mannsgestalt.

Sein Schritt dem Gang des Raubtiers gleicht,
10 Das durch den Hag nach Beute schleicht.

Am Stein der Holde bleibt er steh'n
Und läßt den Blick in die Runde geh'n.

Die Büsche rauschen, die Quelle rinnt.
Wo bist du, liebliches Schäferkind?

15 Sieh da! Hoch auf der Felsenwand
Da steht sie und winkt mit der weißen Hand.

Er streckt die Arme aus nach ihr.
„Komm' Traute, komm' herab zu mir!"

Sie aber steht wie festgebannt
20 Und winkt und winkt mit weißer Hand.

Da treibt ihn die Lust. In fliegender Hast
Mit festem Griff **er** die Zacken faßt

Und klettert und springt von Stein zu Stein.
„Jetzt, minnige Buhle, bist du mein!"

25 Da reißen die Wolken; das **Mondenlicht**
Mit siegender Kraft durch die Lücken **bricht.**

Ein Stoß des Windes den Nebel verweht,
Ein fremdes Weib vor dem Wüstling steht.

Ein schimmernd Manteltuch umwallt
30 Des bleichen Weibes Hochgestalt.

Die Augen leuchten wie Sternenschein,
Das gelbe Haar schmückt blühender Lein.

Den Rocken trägt sie am Gürtelband
Und drohend hebt sie die weiße Hand.

35 So steht sie starr im Mondenlicht.
Da faßt Entsetzen den Bösewicht.

Ein Schauer durchrieselt ihm Mark und Bein.
„Weh mir, die Hexe vom Holdestein!"

Ein Schrei, ein Fall — der Fels ist leer,
40 Und Nebel **wallen** rings umher.

Es schwand die Nacht, es kam der Tag,
Am Holdestein ein Toter lag.

IX.

Im Schäferhaus liegt sterbensmatt
Ein junges Blut auf der Lagerstatt.
Es glüht die Stirn,
Es wühlt und sticht
5 In seinem Hirn.
Sie nahmen dem Armen das Augenlicht.

Am Lager kniet des Schäfers Kind
Halb thränenblind,
Des Jammers Bild,
10 Und Jammerlaut
Dem Mund entquillt.

„Mein Friedel traut,
Mein Friedel lieb,
Vergieb, vergieb!
15 Dein Schicksal stand
In meiner Hand.
Ich konnt' es wenden,
Ich ließ es geschehen,
Ich ließ dich blenden.
20 In Schande konnt' ich für dich nicht gehen."

Mit leiser Stimme der Blinde spricht.
"Drob klag ich nicht.
Und hätt' ich auch der Augen mehr
Als Sterne zählt das Himmelsheer,
Ich wollte lieber alle missen
Als dich, Geliebte, im Elend wissen.
Leg' auf die Stirn mir deine Hand.
Wie lind und kühl!
Du hast aus meinem Haupt gebannt
Das Schmerzgewühl.
O senke, süßer Schlaf, dich nieder
Und löse meine müden Glieder,
Laß mich vergessen, bis es tagt,
Das Leid, das mir am Herze nagt.
Laß sonnige Auen
Im Traum mich schauen,
Am nächt'gen Himmel
Das Sterngewimmel,
Die Berge und den Tannenwald
Und meiner Trauten Wohlgestalt.
Verlösche nicht
Der Lampe Licht;
Des Blinden Schlummer stört es nicht.
Und kommt die Sonne, so sag' mir's an,
Weil ich den Tag nicht mehr sehen kann."

X.

Böse Tage, Leidensnächte
Eine lange, lange Reihe
Hat der Blinde überstanden.
Endlich ist die Pein gewichen
Aus dem Haupt. Die Kunst des Schäfers
Hat gebannt die wilden Schmerzen,
Aber die erlosch'ne Sehkraft
Bringt kein Kräutertrank ihm wieder.

Eine Binde vor den Augen
Sitzt der Frieder auf der Holzbank
Vor der Thür des Hirtenhauses,
Neben ihm die treue Ilse
Mit der Spindel und dem Rocken!
Morgensonnenschein vergoldet
Weitgedehnte Ährenfelder,
Die der Sichel und der Sense
Segenschwer entgegen reifen.
Nach der Morgensonne Scheibe
Wendet sein Gesicht der Blinde
Wärme suchend, Wärme findend,
Und mit vorgebeugtem Haupte
Lauscht er dann der Fliegen Summen.

Ilse netzt und zwirnt den Faden,
Läßt die Spindel lustig tanzen,
25 Und um ihrer Seele Schmerzen
Dem Geliebten zu verbergen
Singt sie vor sich hin ein Liedlein:

Schön Gretchen an der Kunkel spann.
Ihr Liebster schlich sich sacht heran
30 Durch Büsche und durch Hecken.
Er küßte halb sie mit Gewalt.
Der Faden riß, die Mutter schalt.
Das war ein süßer Schrecken.
Die Spindel rollt, es rollt die Zeit,
35 Schön Gretchen spann ihr Hochzeitskleid.

Und der Blinde kehrt das Antlitz
Nach der Jungfrau. „Ilse," spricht er,
Und des Armen Stimme zittert,
„Sprich, wann spinnst du dir das Brautkleid?"

40 Sanft entgegnet ihm das Mädchen:
„Längst gesponnen ist mein Linnen,
Ist gesponnen und gewoben
Und gebleicht" — —
„Mit deinen Thränen,"
Stöhnt der Blinde. „Arme Ilse!"

45 Tröstend spricht das Mädchen weiter:
„Laß nur erst zu Kräften kommen

Den erschöpften Leib, dann führst du —
Führ' ich dich, mein trauter Frieder
Zum Altar und meine Augen
Leih' ich dir für's ganze Leben.

Und das Gold, das ich getreulich
Aufbewahrt im Grund des Kellers,
Gründet unsres Hauses Wohlstand,
Und du lernst am End vergessen,
Was die Menschen dir genommen.
Mut mein Frieder! Ist der Augen
Licht verlöscht, die süße Stimme
Haben sie dir lassen müssen.
Frieder, laß mich einmal wieder
Ihren Klang vernehmen. Willst du?
Soll ich deine Zither holen?"

„Hol' die Zither, treue Ilse.
In den schlummerlosen Nächten
Zog mir manches durch die Seele.
Hol' die Zither. Will versuchen,
Ob mein klingend, singend Liebchen
Mir wie du ist treu geblieben."

Mit der Laute kam das Mädchen
Aus dem Haus zurück. Der Blinde
Ließ die Saiten prüfend klingen.
Mit zurückgebog'nem Haupte
Saß er da und trank die Töne

Wie ein durst'ger Mann den Bergquell,
Und dann hob er an zu singen:

75 Ich will euch sagen und melden
Ein altes, altes Lied
Von einem starken Helden,
Den eine Frau verriet.

Sie banden den schlafenden Recken
80 Und machten die Augen ihm blind.
Nun ging er an dem Stecken
Geleitet von einem Kind.

Es saß in der Säulenhalle
Der jubelnden Feinde Heer.
85 Sie zechten bei Flötenschalle,
Zweitausend oder mehr.

Sie ließen ihn vor sich führen,
Dem sie das Licht geraubt.
Er schritt durch des Saales Thüren
90 Mit hoch gehobenem Haupt.

Stumm blieb er und gelassen
Bei seiner Feinde Spott.
Zwei Säulen thät er fassen
Und rief zu seinem Gott.

95 Ihn hörte der Welten Lenker.
Ein Ruck, ein donnernder Krach —
Den Helden und seine Henker
Begrub das stürzende Dach.

Also sang der blinde Frieder,
100 Sang's, und wild erklang die Laute,
Bis das Spiel verstummte jählings
Und des Spielmanns Hand sich ballte.

Mit der Rechten strich **die** Jungfrau
Über ihres Trauten Stirne.
105 „Weg die finsteren Gedanken!
Frieder, denke nicht auf Rache.
Rache nahm bereits ein Andrer.
Tot, zerschmettert ist der arge
Bösewicht, dahin gefahren
110 In der Blüte seiner Sünden.
Und der gramgebeugte Schultheiß,
Dem der einz'ge Sohn genommen,
Wankt der Grube zu. Er möge
Jenseits einen mildern Richter
115 Finden, als er dir gewesen.
Nimm die Zither, Ruh' und Frieden
Klinge dir in deine Seele."
Und gehorsam nahm der Blinde
Aus der Jungfrau Hand die Laute.

120 Aus der Hütte trat der **alte**
Schäfer, und zur Tochter sprach er:
„Mach' dich auf und geh' zum Walde.
Für des Kranken Augensalbe
Hole mir die sieben Kräuter:
125 Augentrost vor allen Dingen,

Dosten, Dorant und Sanikel,
Beifuß, Baldrian und Attich.
Heut am Tag der Sonnenwende
Sind die Kräuter doppelt kräftig.
130 Auch vergiß mir nicht zu graben
Ein Johannishändlein. Segen
Bringt es, wenn's zur rechten Stunde
Aus dem Boden wird gehoben.
Nimm den Korb und nimm die Schippe,
135 Aber birg in deinem Mieder
Auch das Kreuzlein aus Maßholder,
Denn zur Zeit der Sonnenwende
Ist's im Wald nicht recht geheuer
Und zumal für eine Braut nicht.

140 Ging einmal in alten Zeiten
Eine Braut mit Kron' und Schleier
In den Garten Luft zu schöpfen.
Denn den Bräuten, liebe Ilse,
Wird's mitunter schwül und bange,
145 Wenn die Kirchenglocken rufen.
Sommersonnenwende war es,
Und die Rosen und die Lilien
Standen gleichfalls wie die Bräute.
Sieh, da trat ein Mann, ein fremder
150 Zu der Jungfrau. Seine Augen
Leuchteten wie Nachtgestirne,
Und er sprach mit sanfter Stimme:
„Schöne Blumen hegt dein Gärtlein,

Aber willst du schön're schauen,
155 Folge mir in meinen Garten.'
Und die Braut betrat mit Staunen
Einen zweiten Garten. Blumen,
Die sie nie zuvor gesehen,
Standen in den Beeten. Vögel
160 Herrlich schimmernd, lieblich singend
Saßen auf den Blütenbäumen,
Und als wie im Traume schritt sie
An des fremden Mannes Seite
Durch die langen Blütengänge.
165 Plötzlich aber klang vom Kirchturm
Glockenruf. Da schwand der Fremde,
Und die Braut mit schnellen Schritten
Eilte nach dem Hochzeitshause.
Doch verändert war die Heimstatt.
170 Fremde Leute statt der Eltern,
Der Geschwister und Gespielen
Starrten auf die unbekannte
Greisin mit der Flitterkrone
In dem weißen Haar. Wie Irrsinn
175 Klang es, was sie sprach von Hochzeit,
Bräutigam und Ehrenjungfern.
Alle Dorfbewohner scharten
Um die Fremde sich, und Grauen
Überkam der Gaffer Menge.
180 Nach dem Pfarrer ward gesendet,
Und er kam und sah das Wunder.
In den Kirchenbüchern schlug er

Endlich nach. Da stand geschrieben,
Daß genau vor hundert Jahren
185 An dem Tag der Sonnenwende
Spurlos eine Braut verschwunden.
Einen Seufzer that die greise
Flitterbraut, dann aber sank sie
Um und war ein Häuflein Asche.

190 Drum vergiß das Kreuz nicht, Ilse,
Daß es dich vor Zauber schütze,
Wenn du etwa unversehens
Treten solltest auf das Irrkraut.
Denn der Frieder wartet schwerlich
195 Hundert Jahre auf sein Bräutlein,
Macht er's nicht wie jener Knappe
Drüben im Andreasstollen.

Hundert Jahre saß er schlafend
Und verschüttet, weil er Sonntag
200 Morgens zwischen Beicht und Nachtmahl
Angefahren war zur Arbeit.

Doch was bring' ich da für alte,
Abgethane Spukgeschichten,
Schwatzhaft wie ein Weib am Waschtrog.
205 Ja, die alten Bäume sind es
Immer, die am meisten knarren.
Geh' zu Wald, mein Kind, und hole
Mir die Kräuter für die Salbe,
Und der Lips soll dich begleiten."

XI.

Die weißen Blättlein fielen,
Sie mußten all vergeh'n,
Doch an den Blütenstielen
Die schwellenden Früchte steh'n.
Schon rötet sich die **Beere**
Am dunkelgrünen **Strauch**.
Und über **dem** Waizenmeere
Wallt zarter Ährenrauch.
Du hast im Feierkleide
Die Flur **im** Mai erblickt,
Da trug **sie** grüne Seide
Mit Blumen reich gestickt.
Jetzt naht **der** Tag der Garben,
Die ernste Sichelzeit,
Drum zeigt bescheid'ne Farben
Ihr schlichtes Arbeitskleid.
Trotz manchem Hagelschauer
Rings Segen und Gedeih'n. —
Es wechselt Lust mit Trauer
Und Regen mit Sonnenschein.

Wie eine Schlange gleitet
Durch's Korn die sonnige Bahn.
Die blonde Ilse schreitet
Mit leichtem Fuß bergan.
Gar bald die Felder alle
Zurück geblieben sind,
Des Waldes Dämmerhalle
Betritt das Schäferkind.
Kein Brautlied wie im Maien
Der Vogel hören läßt,
Dieweil nach Futter schreien
Die gelben Schnäbel im Nest.
Nur Lockruf tönt mitunter
Und wimmerndes Geschrei,
Wenn aus der Luft herunter
Auf Beute stößt der Weih.

Auf schwarzer Waldeskrume
Berieselt und betaut
Wächst manche duft'ge Blume
Und manches Edelkraut.
Die Jungfrau liest im Gehen
Den Dorant und den Dost,
Doch nirgends ist zu sehen
Das Kräutlein Augentrost.
Das flieht den Tannenschatten
Und sucht den Sonnenschein,
Das blüht nur auf den Matten
Ringsher am Holdestein.

Frau Holde.

Aus schwarzen Tannen ragen
50 Die Felsenzacken grau.
Die Magd betritt mit Zagen
Die sonnbeglänzte Au.
Hier mit dem Zaubergolde
Des Liebsten Leid begann,
55 Hier schrie sie zur Frau Holde,
Hier lag ein stiller Mann.

Sie bückt sich zu der Quelle
Und liest das Kraut in Hast;
Es zittert auf der Welle
60 Der Mittagssonne Glast.
Und plötzlich ihre Lider
Die Müdigkeit beschleicht,
Schlaftrunken sinkt sie nieder,
Und ihr Bewußtsein weicht.
65 Das blonde Haupt **der Schönen**
Auf weißem Arme ruht.
Es singt in leisen Tönen
Des Bergquells rieselnde Flut.

Da geht durch die Tannen **ein** Wehen,
70 Dem Felsen Nebel entquillt.
Der Träumenden Augen sehen
Ein hohes Frauenbild.
Es trägt einen güldenen Rocken
Am Gürtel die schöne Frau
75 Und in den gelben Locken
Leinblüten himmelblau.

Vom Nacken bis zum Fuße
Wallt schimmerndes Gewand,
Und freundlich wie zum Gruße
Winkt ihre weiße Hand.
Es glänzt wie Winterflocken
Frau Holdes Angesicht,
Es klingt wie Osterglocken,
Wie sie zur Jungfrau spricht:

„In meines Berges Grunde
Vernahm ich dein Herzeleid.
Du kamst zur guten Stunde,
Du allerärmste Maid.
Eh' sich am Himmel wendet
Der Sonne rollender La,
Ist all dein Kummer geendet,
Drum sieh und horche auf."

Sie deutet nach dem Steine
Hinüber mit der Hand.
Da flammt's von blauem Scheine,
Da teilt sich die Felsenwand.
Erschlossen ist die Halle,
Es leuchten aus dunklem Grund
Hellschimmernde Krystalle
Und Edelsteine bunt.
Die Wände haben umwoben
Netzmaschen silberweiß,
Goldzacken hängen von oben
Wie winterliches Eis,

Und köstliche Gebilde
Von Hirschen und von Reh'n,
Von Bären und Auerwilde
Rings an den Wänden steh'n.

Es schließt der Stein **sich wieder**,
Der Nebel wallt und steigt,
Und zu der Jungfrau nieder
Frau Holde sich raunend neigt.

„Du sollst **den** Schlüssel haben
Zu **all** der Herrlichkeit.
Er liegt **im** Boden vergraben
Nur wenig Schritte weit.
Siehst du dort drüben schwanken
Die Schlüsselblume licht?
Mit ihren Wurzelranken
Den Schlüssel sie umflicht,
Entwurzelt vermag sie zu heben
Den Schatz im hohlen Stein,
Gebrochen kann sie beleben
Der Augen erloschenen Schein.
Du hast gehört **die** Kunde,
Nun wähle dir **dein** Glück
Und nütze wohl **die** Stunde;
Sie kehrt nicht mehr zurück."

Es rauscht der Felsenbronnen,
Die Sonne am Himmel lacht.
Das Traumbild ist zerronnen,
Die Jungfrau **ist** erwacht.

Mit leuchtendem Antlitz steht sie
Hoch aufgerichtet am Quell
Und in die Runde späht sie
Mit Augen falkenhell
Und sieht und sieht — o Wonne!
Im frischen Wiesengrün
Hell glänzend in der Sonne
Die Wunderblume blüh'n.

Und vor der gelben Dolde
Kniet nieder des Blinden Braut.
„Hab' Dank, hab' Dank, Frau Holde!"
So jubelt die Treue laut.
Dann pflückt sie ohne Bedenken
Der Blume goldnen Stern.
Der Schlüssel mag sich senken
Bis in der Erde Kern.
Sie birgt in ihrem Kleide
Den wunderbaren Fund
Und wirft sich auf die Haide
Und schluchzt und küßt den Grund.
„Glück auf, mein trauter Frieder!
Dein Heil hab' ich erlost.
Ich trag' in meinem Mieder
Frau Holdes Augentrost."

XII.

Es kam der Herbst vom Oberland,
Die Blumen mußten sterben,
Und **wo** er grüne Blätter fand,
Da thät **er** gelb sie färben.
Schlohweiße Fäden **trägt** der Wind,
Sie flinkern in **der** Sonnen;
Die hat, das weiß ein jedes Kind,
Frau Holdes Hand gesponnen.

    Der dicke, geiz'ge Hamster sitzt
10   Bei seinen Roggenhaufen.
    Er hat zur Ernte baß geschwitzt,
    Drum darf er jetzt verschnaufen.
    Die letzten Körner trägt die Maus
    In's unterird'sche Winterhaus.

15   Die Wandervögel allzumal
    Verließen Berge längst und Thal,
    Und die im Land sich redlich nähren
    Und Samen, Kern **und** Korn verzehren,
    Die legen **an** die Winterwat
20   Und scharen sich um Dorf und Stadt,

Um Scheune und um Vorratskammer,
Und „miet' mich, miet' mich!" piept der Ammer.
Die Holzaxt in den Wäldern schallt,
Mitunter eine Büchse knallt.
Es schreit der Hirsch nach seinen Frauen
Am Abend und im Morgengrauen.
Vorsichtig wandelt durch's Gehege
Der Fuchs auf unbetretnem Wege,
Und im Geklüfte gräbt sich schlau
Der Meister Dachs den Winterbau.

Ein Hochzeitswagen zieht einher
Auf sand'gem Waldespfade,
Er ist bepackt mit Kisten schwer,
Mit Bett und Spind und Lade,
Er ist begrenzt mit Tannenreis
Und roten Beerendolden;
Das Stiergespann ist silberweiß,
Die Hörner glänzen golden.
Und hinter'm Wagen siehst du zwei
Glückselige Menschen gehen;
Sie tragen im Herzen sonnigen Mai,
Ob herbstliche Winde auch wehen.
Das ist der Frieder und seine Braut,
Auf die er mit leuchtenden Augen schaut.

Wer hat das Wunder zu Stand gebracht?
Wer hat den Blinden sehend gemacht?
Das that, so heißt's in Stadt und Land,
Des alten Schäfers Wunderhand.

Wer's besser weiß wie ich und du,
50 Der hält den Mund und schweigt dazu.

Wie kommt der Frieder, das arme Blut
Zu einem stattlichen Bauerngut?
Der schönen Ilse Vater hat's
Gekauft für den ersparten Schatz,
55 Den er mit Salben und Mixturen
Erworben hat und Wunderkuren.
Wer's besser weiß **wie ich** und **du,**
Der hält den Mund **und** schweigt dazu.

Am Morgen hat am Hochaltar
60 Der Pfarr gesprochen den Segen.
Jetzt zieht in's neue Heim das Paar
Der wonnigsten Zeit entgegen.
Der Berg ist hoch, der Wald ist weit;
Viel größer noch ist ihre Seligkeit.

65 Zum Knecht, der mit der Peitsche knallt,
Daß rings herum der **Forst** erschallt,
Spricht **jetzt** der Frieder: „Höre **du!**
Fahr' deine Straße nur immer zu.
Wir aber nehmen den kürzern Pfad,
70 Der leitet über des Berges Grat."
Es spricht's, dann geht das Paar waldein
Und graden Wegs zum Holdestein.

Die Quelle rauscht ihr altes Lied,
Die Tannenzweige schwanken,
75 Es spielt der Wind mit dürrem Ried
Und herbstlich bunten Ranken.
Vorüber ist der Reigentanz
Der Mücken und der Immen.
Doch überall in Silberglanz
80 Die Sommerfäden schwimmen.
Der Frieder macht am Felsen Halt,
Und hell sein Spielmannsgruß erschallt:

Wach' auf, Frau Holde im hohlen Stein
Und steige aus deinem Schacht.
85 In Gnaden neige dich den Zwei'n,
Die selig du gemacht.
Du mildeste der Frauen,
Verwirf mein Flehen nicht,
Laß uns noch einmal schauen
90 Dein strahlendes Angesicht.

Wach' auf, Frau Holde im hohlen Stein
Und steige aus deinem Schacht.
Ich trinke, trinke den Sonnenschein
Nach langer Leidensnacht,
95 Ich sehe die Berge, die fernen,
Die Wiesen, den Tannenwald,
Den Himmel mit Mond und Sternen
Und meines Weibes Gestalt.

Wach' auf, Frau Holde im hohlen Stein
100 Und steige aus deinem Schacht.
Schau meiner liebsten Blauäugelein
Und wie ihr Mündlein lacht.
Laß fließen deinen Segen
Auf's Haupt der Trauten mein.
105 Wir loben dich allerwegen,
Frau Holde im hohlen Stein.

Der Frieder sang's mit rotem **Mund.**
Sie stehen **im** tiefen Schweigen.
Wird aus **des** Bergs erschloss'nem Grund
110 Frau Holde noch einmal steigen?
Sie stehen stumm, sie stehen still,
Sie harren unverdrossen.
Kein Wunder mehr geschehen will,
Der Felsen bleibt verschlossen.
115 Es rauscht **der** Tannenbaum im Wind,
Und Nadeln rieseln nieder;
Sie sinken auf **das** Schäferkind
Und auf den Spielmann Frieder.

NOTES.

The heavy figures refer to the pages of **the** *text; the lighter figures, to the lines.*

There being **but few textual or grammatical** difficulties in "Frau Holde," the editor has judged it best to present, for the most part, only **such** helps and suggestions as would enable the American student the more readily **to enter into** the German spirit and atmosphere **of the poem.**

Aside from the ordinary abbreviations **there** occur only: B., **Baumbach;** F. H., Frau Holde; W., Whitney's Grammar; **O., Otis' El.** German.

I.

Notice in this introduction **B.'s** grateful tribute to his home and his appreciation of his early surroundings. He is full of admiration for his "wunderſchöne Fraue."

1. 1. **Thüringen** (Thuringia), in Upper Saxony, is bounded by the rivers Werra and Saale, by the Harz Mountains and **the** Thüringer Wald. The entire region, and especially the Forest, is exceedingly charming and picturesque. — 3. **Am fernen**

𝔐eere, here, the Adriatic Sea; B. lived in Triest when he wrote F. H.—9. Fraue, an old voc. nom.—10. gut, uninflected form of adj., occurs often in poetry.

2. 2. doch, after all. The student should pay particular attention to the use of adverbial particles, such as doch, noch, schon, auch, etc. Their exact rendering requires much discrimination and care.—22. wol, probably.—36. B. has a little volume of poems, entitled "Lieder eines fahrenden Gesellen." Cf. Introductory Note.

II.

Undoubtedly B. gives us here a characterization of himself. His easy-going "Gemütlichkeit," his love of forest and fields, his partiality for the common, every-day things of life are readily apparent.

3. 3. sonnenbeglänzte, sun-lit. Notice the inflected form of the fem. sing., a form (ordinarily) found only in compounds, such as Erbengarten, Glockenguß, Sonnenschein, etc.—5. Es schlägt die Heuschreck, the cricket chirps.—um die Wett', for a wager, in emulation of.—6. Grill, Heimchen, Heuschreck, black field-cricket, house-cricket, and grasshopper, respectively.—10. Gaul, nag, common work-horse. Pferd is a more general term, while Roß corresponds rather to steed, charger.—16. Binse (Eng. *bent*-grass), rush.—17. Weiderich, willow-herb.—21. Bachstelzen, wagtails.

4. 25. Kerbgetier, insects; the ge- making the term collective. Cf. Gewölke, cloud-masses, Gebirge, mountain-range, etc.—26. Tannenmeise, titmouse.—28. Zeisighahn, siskin.—29. Gimpel, bullfinch.—

Gäste = what?—33. **Aufthut,** etc. The ordinary position of the separable particle in the independent, simple sentence is at the end.—46. **Wirtshaus,** inn. Naturally, in a village or other settlement the church and the inn are the most prominent buildings, but there is a merry twinkle in the author's eye in making the statement:

> Denn wo man sieht ein Haus des Herrn
> Ist auch ein Wirtshaus selten fern.

5. 48. **Und . . . zähle,** and count the buttons on my coat [saying as he counts, "Shall I go, shall I not? shall I, shall I not?"].—49. **ende** = enden soll.—66. **beschlagen,** ironed, provided with an iron point.—71. **Sie feiern . . . Mai.** The May-festival, still observed in many parts of the Old World, is rooted in the very ancient custom of celebrating the victory of Spring over Winter. Our ancestors observed the occasion with religious compunction. Various customs and practices typified the contest between the seasons. Thus, for example, the representative of Winter and his attendants, all wrapt in wintry garb, threw ashes and sparks at the "**Blumengraf**" or flower-count and his retinue, who, in their turn, put the enemy to flight by means of branches and green twigs. Cf. SIMROCK's *Deutsche Mythologie,* §§ 144, 145; also TENNYSON's *May Queen.*

III.

The whole of Part III. is exquisite because of the vivid realism in every line of this characterization of village life.

6. 1. **Blech,** brass musical instruments; really

plate rolled out **of** iron, steel, **brass, or** any other **metal.—7.** Die Röcke fliegen, **the** skirts (of the dancers) are flying.—11. blinkenden, shining, polished, **the** old-time buttons of the well-to-do **being of silver.**—12. eckigen, angular, **uncouth. Cf.** Eng. expression "knock **the** corners off."—14. Schneppenhaube, a certain style of pointed hood.

7. 21. The description of **the h**ost **and hostess** at work, waiting on their numerous guests, **is** entirely characteristic and typical of a German "Wirtshaus."—26. Des Fasses Spund, the tap of the **keg.**—27. Jetzt malt, etc.; the host's system of **book**-keeping, his memorandum of non-paying customers.— 30. The Förster is the government **official** charged **with** the supervision of woodlands. **In the very** nature of the case, he, occasionally, stands **in** need (or **at least** thinks he does) **of** "ein gebranntes Tränklein," brandy, to ward off the evil effects **of** exposure to the weather.— 40. Met, mead.—**42.** Bärenzucker, rock-candy; a **great** dainty in German villages.—46. Gesichter schnitt, made grimaces.

8. 50. So Hund . . . stellen, **to ou**tdo dogs as well **as** apes.—52. Reißaus nahm, took to their heels.— 58. Der weise Schäfer Florian; there being few or no enclosed fields in Germany, sheep are under the constant supervision **of** shepherds. The pasture is public domain and is leased to the highest bidder. Shepherds with the aid of their dogs take their flocks from village to village, passing their nights **as** well as their days with their charge. B., in his description of Florian, gives **a** genuine type.— 63. Schäden, ailments.— 69. Silberling, pieces of silver; an indefinite term of value. The Bible has Judas paid with "dreißig Silberlingen."—72. **Der ... verstand,** who was possessed of superior **knowledge.**

9. 75. **Mai'n** instead of **Mai.**—82. **Völklein,** young people. — 92. **Bänderschuh,** lace-shoe. — 95. **Drei Finger breit,** etc. The ribbons being *three* fingers' breadth indicated Ilse's comparative wealth.— 97. **Haubenfleck,** piece of goods of which her **hood was** made. Among German villagers changes **of** fashion occur rarely or never.—99. **Ingleichen,** likewise.

10. 105. **sie,** the musicians.—109. **Grubenkittel,** miner's blouse.—114 **Knappe,** miner.—118. **Wanderschaft,** wanderings. In Germany the old system of apprenticeship with all its attendant features is still in vogue. It is still the fashion for journeymen to go "**auf die Wanderschaft**" to enlarge their experience and perfect their skill before settling down, usually in their native town, to become "**Meister**" or master-workman. The **Wanderschaft** is, so to speak, a time of trial in that the young man is thrown upon his own resources. Cf. *Wilhelm Meister's Wanderjahre* by GOETHE.—120. **Schwämme,** mushrooms.—122. **Böheim,** ordinarily **Böhmen,** Bohemia.—127. **Häuer,** miner, hewer (of ore from the rocks).—**Zechen,** mining regions. Technically, an apportioned definite plat worked by one company or syndicate.—128. **Stollen,** tunnel (in **a** mine), as distinguished from a **Schacht,** shaft.

12. 157. **mochten zumeist gefallen,** seemingly pleased him most.—160. **thun** is sometimes used **as** an auxiliary just **as** English *do, did.*—162. **leichtes Tuch,** light cloth; rake; light weight.— 164. **hohen Schulen,** higher institutions of learning, universities.—168. Schultheiß, mayor, chief magistrate. In Germany, the Schultheiß is an im**portant public** functionary, whose duties are both judicial and administrative.—169. mögen often expresses possibility, probability. Translate (from line 167): Undoubtedly the father, who, as burgomaster, held a high hand, succeeded easily, etc.— 170. Amt und Brot, remunerative appointment.— 172. bestallt, installed. — 175. Weit . . . Schwanen, He greatly preferred to carouse in the White Swan. Names **and** signs, such as Engel, Lamm, Adler, Sonne, etc., usually indicate public-houses in Germany. — 176. Zechkumpanen, boon-companions. — 180. Kirmes or Kirchmesse, church-ale; "A periodical festival, like the wakes of many parishes, said by **some to be** in commemoration of the dedication of a church, at which much ale was used."—*Webster*.

13. 193. Bogenwurf, curve, resulting from his tossing the coin.—208. Stadtherrn, town-gentry.

14. 212. Herumfuhr, beat about (played) excitedly.— Ungewitter, storm, tempest; the un- simply intensifies the Gewitter. Other examples **of** a like use of un- are Unmensch, Untier, monster; Unkraut, weeds; Unthat, fearful deed, etc. This use of the neg. particle indicates a deviation from that which is natural or normal, hence that which is bad, harmful.—216. Lebzeltbude, booth where Lebkuchen or Lebzeltkuchen (a kind of gingerbread) and similar dainties are for sale. — 217. Allwo . . . erstand, where the pomade-scented fop purchased a large sugar heart.—224. Den Takt . . . **verlor,** lost the time and their wits.—den Takt schlagen, beat the time.

15. 245. **baß,** an old adverbial form, greatly.—261. **flappen,** to **strike** together with a quick motion; Klappe = lid of a can or glass.—265. **zu handgreiflicher, too** evident, palpable, too aggressive.

16. 268. **Lindenmüllers Heinerich,** Henry, the **son** of the owner or occupant of the mill known as **the** Linden mill. This name indicates the system of nomenclature still in vogue among the peasantry. The name of the miller in question may be X, Y, Z; to his neighbors he is known by a more descriptive cognomen.—274. **kunnt,** old form for **konnte.**—285. All through **the** Middle Ages, Germany was regarded as a continuation of the Roman Empire, **and** the German Kaisers **as** successors to the Cæsars. The realm was known as "Das heilige römische Reich deutscher Nation."

17. 301. **schaffte Rat,** solved the difficulty.—303. **Er ließ,** etc., He had each member of the council provided with a sleeve. — 305. **wie's sich schickt,** as is appropriate.—307. **eitel,** adv., nothing but. — 308. **Litzen,** cords, galoons. — 310. Notice **the** use of the past participle (instead of the present as in English) with kommen: gezogen, gelaufen, gegangen kommen. Translate kam gezogen, came along [with his train]. — 313. **Sammetwat,** velvet clothing; cf. **Fr.** *ouate,* Eng. *wadd-*ing.

18. 322. **ausstaffiert,** provided with.—328. **Fingen . . . schwellen,** combs began to swell (as when cocks are fighting).—336. **Federwisch** or Federwisch, goose-wing used as a whisk-broom; **a** lank, thin person.—337. **Bauernschinder;** the latter part of the compound from schinden, to flay, to skin; hence, vulg. to oppress, to be extortionate.—342. They broke the chair-legs to provide themselves with "billies."

19. 358. **das Weite gesucht,** taken to their heels, fled.

IV.

Frieder's little snatches of song are charming in their simplicity and mirthfulness. They vary from the most playful wantonness to the tenderest expression of affection and keenest appreciation of the beauties of nature. Compare, for instance, "**Es saßen drei Kameraden**" or "**Nicht weit von hier im Walde lag**" with the stanza "**Es singt der Bach dem Tausendschön**" or "**Tausend Sternlein in der Nacht.**" The garrulous old shepherd and the hostess are both brimful of folk-lore; they form a charming background to the little drama now to be enacted. Study the compounds in the present passage.

20. 7. **Sprüche,** mottoes. — 11. **Buckelnägeln,** brass-headed tacks. — 21. **gespendet,** treated.

21. 2. **Apfelschimmel,** dapple-gray. — 34. **Kachelofen,** tile or porcelain stove. Usually these stoves are very large — four to five feet square, reaching well-nigh to the ceiling. — 44. **von Grunde aus,** from the bottom up, thoroughly.

22. 50. **Laß das Mädel,** let the girl alone. — 51. **gieb . . . zum Besten,** let us have (or, treat us to) a song. — 60. **gedungen,** hired, employed. — 64. **Zöpfchen,** braids of hair.

23. 78. **Alten,** parents. — 85. **bleiben lassen,** desist, keep from. — 93. **Philomele** (Gr. Lat.), nightingale; translate **ob . . . ob,** be it . . . be it. — 94. **Schatz,** sweetheart, treasure. — 95. **So . . . Kehle,** according to his vocal powers; i.e. as best he can. Cf. also the German expression "Wie einem der Schnabel gewachsen ist," i.e. according to one's nature.—97. sich's gefallen la'n, to put up with or be pleased with a thing.

24. 107. Doch ... sterben, yet when death approaches.—116. Tausendschön, amaranth.—118. Gletscherjungfrau, Ice-maiden, one of the peaks of the Bernese Alps. Hans Christian Andersen has a fine little tale, entitled "Die Eisjungfrau" (*Die Eisjungfrau und andere Geschichten*. Boards. Henry Holt & Co.).—Föhn, hot south wind.

25. 136. Jungfer = Jungfrau, just as Junker = Jungherr.—146. Gaden, room.—147. Zog ... Faden, spun; turned her spinning-wheel.—154. Augenweide, delight of my eye.

26. 160. Pay particular attention to the construction Es sitzt, es drückt, etc., with subject following, as, in these instances, Hoffahrt, Der Zweite.—178. Cf. page 16.

27. 184. Meissen, a town in Saxony.—189. verzapft hat, tapped out; sold in small quantities; sold by the glass.—193. Vor Alters, long ago.—197. Double negatives are not very common in modern literary German.—202. Vom ... gefahren, returning from the Holy Land.—206. arge, sly, wily, crafty.—209. Kredenzt, pours out and passes, places before.

28. 215. The adverbial aus frequently implies completion: aus-schlafen, aus-trinken, aus-essen, to sleep one's fill, to drain to the last drop, to eat the last morsel.—217. gespritztes (lit. spirted), foamy.—224. Gänsehaut, goose-skin; eine Gänsehaut kriegen, to have the cold chills pass over one.—225. How must this position of the verb be rendered? Cf.

W. § 204, b. 3, or O. p. 123, 8, 2.—228. **Ort und Stell,** the very spot (where the **event** occurred). Cf. expressions such as Dach und Fach, shelter; Haus und Hof, **home and** possessions; etc.

29. 236. **dick,** corpulent.—237. **auf ... war,** at whom the joke was aimed.—240. **wohl bekomm's** (the ordinary greeting of a waiter = Lat. *prosit*), may it do you good, **may** it benefit you.—253. **bunt,** variegated, painted in stripes, like a barber-pole.

30. 275. **Veiel,** ordinary form, Veilchen, violet.— 276. **an,** under, along.

31. 286. **Nelkenstock,** gillyflower. **Cf.** Rebenstock, Hopfenstock, Rosenstock, grape-vine, hop-vine, rose-bush, respectively.—303. **Wie ... warf,** no matter how many, etc.

32. 313. **Feien** or **Feen,** fairies.—315. What is here attributed to the old goddess, **Frau Holde,** is, in the Christian legend, transferred to the Virgin Mary. The gossamer threads— Sommerfäden, Mariengarn—are supposed to be of F. H.'s spinning.—330. Proverb: Man muß den Teufel nicht an die Wand malen, don't paint the devil on the wall; don't play with danger.—331. **gilt,** is true. gelten, to be worth, to avail, to be true.

33. 334. **Ritter,** i.e. Tannhäuser. The story is told how that knight bartered away his soul's salvation because **of the wiles** and beauty of **Venus** (= F. H. **Cf.** quotation from *Tannhäuser*, p. iii); how even the Holy Father declared that forgiveness of his sins was **as** impossible as the putting **forth** of blossoms of the bishop's staff. This latter miracle was performed, the staff blossomed and bloomed and, according to Wagner's version, Tannhäuser's soul was saved by the prayers of Elizabeth, a pure mortal who loved him. But the original account knows only of the knight's perdition. Cf. WAGNER'S music drama, *Tannhäuser*, TIECK'S *Phantasus*.—343. Schlag ein Kreuz, cross yourself.—346. nimmt ... fürlieb (or vorlieb) is satisfied with. — 349. eingestemmten, akimbo.— 351. Proverb: Mit großen Herren ist nicht gut Kirschen essen = In dealing with the great of earth, one is in danger of being outwitted.—359. Spinnstube, a sort of spinning-circle, just as there are "sewing-circles," etc.

34. 373. dräuend, drohend, threatening. — 376. euer, gen. case.—379. Werg, tow, flax fibres ready for spinning.—386. sah ... drein, looked puzzled.

35. 396. Pferch, hurdle; movable frame to enclose the sheep over night. Cf. note to p. 8, l. 58. — 397. Grenzsteinrücker, boundary-stone-mover. These spectres are punished for the sins done in the body. Their penalties are as appropriate as those of the Greek Tantalus or Sysiphus.—400. Wichtlein, sprites, imps.—403. Elbel (the Alberich of the Nibelungenlied and Wagner's Nibelung tetralogy), a spectral apparition in whom the German peasant is inclined to believe, whose wild shouts and huzzas he often hears above his head. Cf. BÜRGER'S *Der wilde Jäger*. B. makes the old shepherd a depository of all the folk-lore imaginable. — 409. Heerwurm, army-worm, as a premonition of impending war.

36. 420. Triften, pastures, from treiben, to drive. —431. frug, fragte are both used as imperfects.— 438. so, if.

37. 447. The night-watchman's special func

tion in the good old days. Cf. also HEBEL'S *Wächterruf.*

38. 481. 𝔉𝔯𝔦𝔢𝔡𝔢𝔩, lover, *not* a diminutive of Frieder.—482. ℌ𝔢𝔯𝔷𝔟𝔩𝔞𝔱𝔱, sweetheart.

V.

Study this passage carefully for B.'s exquisite touches in depicting external nature. He is all eye and ear for the beauties of forest and field: he hears the dreamy voices of the pines and the whirring of the owlet's wings; he sees the moonlight upon the rippling waters.—The appearance of F. H. is handled in a masterly way.

39. 9. 𝔅𝔞𝔩𝔡 ... 𝔟𝔞𝔩𝔡, now ... now.—17. 𝔨𝔫𝔞𝔠𝔨𝔱'𝔰, something crackles. Cf. 𝔥𝔲𝔰𝔠𝔥𝔱'𝔰, l. 21, something scuds, darts.

40. 23. ℌ𝔞𝔤𝔢, pl. of ℌ𝔞𝔤, hedge. 28. 𝔚𝔞𝔰𝔰𝔢𝔯𝔲𝔫𝔨𝔢, toad, frog.—46. 𝔅𝔬𝔯𝔫 (cf. Eng. *bourne*), fountain, spring.—48. ℌ𝔞𝔤𝔢𝔡𝔬𝔯𝔫, hawthorn.

41. 50. 𝔗𝔞𝔫𝔫𝔦𝔠𝔥𝔱, fir-thicket.—64. 𝔊𝔩ü𝔠𝔨 𝔞𝔲𝔣! (customary miner's greeting), hail! safe ascent! —65. 𝔈𝔦𝔫 ... 𝔟𝔯𝔦𝔫𝔤𝔢𝔫, I will serenade you.

42. 84. ℌ𝔢𝔯𝔷𝔤𝔢𝔰𝔭𝔦𝔢𝔩, sweetheart.—90. Among the ancient Germanic races, and others, the solstices were religiously observed. In winter it was an occasion of rejoicing because the sun-god was henceforth to be endowed with new life and splendor, and in summer, because he had attained his greatest glory and triumph. Christian missionaries, in preaching the new faith, accommodated themselves as far as possible to the observances of the religion they sought to supplant, merely substituting Christian conceptions for the underlying pagan idea. Thus Christmas, Easter, and

St. John's Day (June 24), and others, have replaced the pagan festivals occurring at these seasons. But a tinge of **the old faith** is still perceptible in legend and tradition. Cf. on this last point **B.**'s "Sonnenwende" in *Lieder eines fahrenden Gesellen.*

43. 128. Rain, ridge ; boundary-strip left untilled.

44. 136. Runenlied, runic song.—150. Schrift und Kreuz (lit. scripture and cross), Christian religion.—153. Bifröst (wavering bridge), the rainbow across which the old gods rode into Valhall, described, for instance, in the last scene of Wagner's music drama *Das Rheingold.* This mansion had five hundred doors, was roofed with shields, supported by spears, and decorated with coats of mail.

44. 145, 150. Notice the force of zer-, ver-.

45. 185. Sonnenzeiger, sun-dial.—187. Heut, etc., ironical, of course.

46. 190. fährt implies a quick sudden motion ; "jumps into," etc.—201. thut ... einen Satz, takes a leap for joy.—216. Kiesel, pebble, nugget.

47. 220. zween (old masc. form), zwei.

VI.

Konrad's evil designs upon Ilse ; her refuge to F. H. when the Blessed Virgin will not incline to her prayers. A vindication of purity and innocent love. Cf. VI, **VII**, VIII.

48. 8. angefüllt = gefüllt.—12. Imme, bee.

49. 23. bannt, controls by a charm, exorcises, banishes.—28. dem ich hold [bin], toward whom I am well disposed.—30. fahn = fangen.—32. Ihn ... legen, fasten him with a chain.—39. dafür, instead.—

40. Supply ift. — 46. **Flitterfrone,** tinsel crown (formerly worn by brides at their wedding). Cf. Flitterwochen, honeymoon. — 47. **Und sie hört,** etc., i.e. by way of anticipating her marriage.

50. 49. zur Stelle, here. — 53. der verdross'ne Griesgram, the surly cross-patch.—54. gewogen, well disposed. — 55. Aber einmal hält', etc. (the optative use of the subjunctive), But yet he might have come once, etc.

51. 93. Raschen Schritts, quickly. Cf. stebenden Fusses, at once; frohen Sinnes, with gladsome thought; graden Weges, or Gradeswegs (l. 99), straightway, etc.

52. 107. eben, just now.—108. drein, contraction of darinnen, within which.—118. gilt, is intended.

53. 128. sich angeeignet, appropriated.—133. Dingfest machen, arrest, secure.—135. jetzo = jetzt.—142. Meister Hämmerlein, hangman.

54. 155. Tragt es ihm nicht nach, lay it not up against him. — 161. Urtel, Urteil, judgment. Cf. Engl. *ordeal.*—171. Zehrgeld, travelling expenses. —176. Lieb will haben, will fondle, love.—hin und wieder, now and then.

55. 189. du niederträcht'ger . . . glauben, you, base scoundrel, will never make me believe.

56. 200. Gerichtstag, court-day; when justice is administered "in the gate."—218. schlägt, sings. 220. Schelm, rogue, rascal; der arme Schelm, the poor fellow.

VII.

The deep silence, only broken by the gurgling brook, the pale moon rising higher and higher, the time and place, are all finely conceived and are made to heighten the effect of Ilse's passionate prayer. One is involuntarily reminded of Gretchen's "Ach neige" in *Faust*.

58. 2. Pronounce *Marie'en-bild*. — 3. banne, charm away, render harmless, cf. note to l. 23, p. 49. —5. umflammern implies a convulsive clinging.

59. 33. Kamme, crest, ridge.—45. Ilse conceives that her lover's sufferings are greater than than those of the Saviour on the cross.

60. 62. Himmelsſaal = Himmel.—73. Bild, i.e. of the Virgin.—75. Kein ... will, no word of consolation *seems* to be vouchsafed.

VIII.

Study the suggestiveness of these few lines and give yourself an account of the entire contents of them.

63. 22. Mit ... faßt, with firm grasp he seizes the crags.—24. Minnige Buhle, dearest love.— 29. umwallt, floats, falls in ample folds.—32. Lein (poetic), flax, the blue flax blossoms, indicating F. H.'s office. Cf. note to l. 315, p. 32.

64. 37. Mark und Bein (lit. marrow and bones), entire frame, entire being.

IX.

65. 4. Es wühlt und sticht, etc., a burrowing, pricking pain darts through his brain.

66. 23. der Augen, genitive plural.—24. Himmelsheer, host of the sky.—32. löſe, relax, soothe.— 44. ſag' mir's an, announce it to me, let me know.

X.

67. 13. **Rocken,** distaff, spinning-rock.—16. **Die der Sichel ... reifen,** which, bent with blessing, ripen for the sickle and the scythe.

68. 23. **zwirnt,** twists, twines.—28. **Kunkel = Rocken.** Notice the prepositions employed. No general rule can be formulated that will cover variations from English usage. Only constant observation will result in a proper discrimination in the use of prepositions.—43. Frequent moistening of the cloth is required in this primitive bleaching-process. The linen is simply exposed to the sun. Usually there are "bleaching-commons" near the smaller towns and villages.—46. **zu Kräften kommen,** regain strength.

70. 77. Samson. Cf. Judg. xvi. 21–30.—97. **Henker,** murderers.

71. 113. **zu** (adv.) towards, *not* to.—125. **Augentrost,** eye-bright.

72. 126, 127. **Dost[en],** wild marjoram, wild thyme.—**Dorant,** snapdragon.—**Sanikel,** sanicle (Lat. *sanicula*).—**Beifuß,** mugwort, wormwood.—**Baldrian,** valerian.—**Attich** (Lat. *acte*), dwarf elder.—128. **Sonnenwende,** midsummer day. Cf. note to l. 90, p. 42.—131. **Johannishändlein,** *polypodium aculeatum*, a species of fern.—134. **Schippe;** a scoop-like contrivance fastened to the end of the shepherd's crook for the purpose of throwing clods of earth or stones at trespassing sheep.—136. **Maßholder,** maple, little maple.—142. **Luft zu schöpfen,** to take a breath.

73. 182. **Kirchenbüchern,** church records, parish-register.

74. 188. **Flitterkraut.** Cf. note to l. 46, p. 49.—193. **Irrkraut,** madwort. — 197. **Andreasstollen,** St. Andrew's Mine.—198. Legend seems to be partial to the number 100. **Cf.** Rückert's *Barbarossa,*

„So muß ich auch noch schlafen
Verzaubert hundert Jahr."

So, too, Dornröschen (Little Brier-Rose, the English "Sleeping Beauty") lies enchanted just **a** hundred years before she is awakened.—200. **Morgens zwischen Beicht und Nachtmahl,** in the morning between going to confession and partaking of communion.—203. **Abgethane,** stale, well-thrashed.

XI.

By introducing the element of time, in this rapid glance at the course of the season, B. adds materially to the realistic element in the **story.** The poet strives to make us acquiesce in the marvellous cure which we know will be effected. He, therefore, adroitly and skilfully recalls the course of **nature,** the bloom and the fruit, **May-**flowers and harvest-fields.

Trotz manchem Hagelschauer
Rings Segen und Gedeih'n, **u. f. w.**

"Despite many a storm, all around blessing and plenty." Indeed Fred's cure, instead of seeming a piece of fantastic imagination, strikes **us as** the *natural* reward of Ilse's devotion to her "Friedel."

75. 7. **Flurzwang** (compulsory rotation of crops) still exists in many parts of Germany. The land is divided into three *Esche* or sections — **one** for wheat, another for oats, potatoes, etc., and one to lie fallow. The following season the land having had the most **exhaustive** crop is left un-tilled, hence **the terms** *Kornesch, Haferesch, Brachesch.* The feature that justifies B.'s 𝔚𝔞𝔦𝔷𝔢𝔞𝔪𝔢𝔢𝔯𝔢 is that the entire village rotates its crops in conformity to the scheme just described, and that, accordingly, large contiguous areas of land are covered by the same crop. — 8. 𝔄𝔥𝔯𝔢𝔫𝔯𝔞𝔲𝔠𝔥, fragrance, perfume of the grain-field.—15. 𝔟𝔢𝔰𝔠𝔥𝔢𝔦𝔡𝔫: 𝔉𝔞𝔯𝔟𝔢𝔫, modest colors (acc. **case**).—16. 𝔍𝔥𝔯, i.e. 𝔉𝔩𝔲𝔯.

76. 22. 𝔎𝔬𝔯𝔫, grain, wheat.—The path's winding along through the fields of the village mark. On the meaning **of** "corn" in different countries see Marsh, *Lectures on the English Language,* p. 246. —27. 𝔇ä𝔪𝔪𝔢𝔯𝔥𝔞𝔩𝔩𝔢, dusky arches.—37. 𝔚𝔞𝔩𝔡𝔢𝔰𝔨𝔯𝔲𝔪𝔢 (Eng. *crumb*), soil. — 38. 𝔅𝔢𝔯𝔦𝔢𝔰𝔢𝔩𝔱, 𝔟𝔢𝔱𝔞𝔲𝔱, sprinkled upon, dew-covered. **Cf.** Eng. be-spatter, bedeck, etc.

77. 61. 𝔏𝔦𝔡𝔢𝔯, not 𝔏𝔦𝔢𝔡𝔢𝔯.—73. Does this description of F. H.'s appearance have a pleasing effect or not? Where was it given the first time?

78. 102. 𝔑𝔢𝔱𝔷𝔪𝔞𝔰𝔠𝔥𝔢𝔫, net-meshes.

79. 107. 𝔄𝔲𝔢𝔯𝔴𝔦𝔩𝔡𝔢 (collect.), bisons. Cf. Eng. owre, aurochs.—118. 𝔖𝔠𝔥𝔩ü𝔰𝔰𝔢𝔩𝔟𝔩𝔲𝔪𝔢 (lit. key-flower, supposed to be the key to heaven), primrose; cowslip.

80. 148. 𝔎𝔢𝔯𝔫, kernel, centre.

XII.

See remarks on preceding part as to the realistic elements introduced.

81. 1. 𝔒𝔟𝔢𝔯𝔩𝔞𝔫𝔡 (here, proper name), Highlands, Uplands.—17. 𝔇𝔦𝔢, those who.

82. 22. miet' mich, miet' mich, imitated note of the yellowhammer. — 34. Spind, chest, clothes press. — Lade, trunk, cupboard.—38. Die Hörner, etc., the horns of the oxen drawing the "Hochzeits= wagen" were gilded.

83. 65. Knecht, hired man, servant.—68. Fahre ... zu, drive on, keep on. With many verbs adverbial zu- = continuation, just as aus (cf. note to l. 215, p. 27) = completion. Ex. laufe zu, go on, move on; arbeite zu, keep on working; iß zu, keep on eating.—61. waldein, towards and through the woods; so feldein, towards and across the fields.